O MELHOR DO KARATÊ — 2
Fundamentos

M. Nakayama

O MELHOR DO KARATÊ — 2
Fundamentos

Tradução
CARMEN FISCHER

Revisão Técnica
JOHANNES CARL FREIBERG NETO

Editora
Cultrix
SÃO PAULO

Título original: *Best Karate 2 – Fundamentals.*

Copyright © 1978 Kodansha International Ltd.

Copyright da edição brasileira © 1996 Editora Pensamento-Cultrix Ltda.

1ª edição 1996 – 11ª reimpressão 2022.

Publicado mediante acordo com Kodansha International Ltd.

Todos os direitos reservados. Nenhuma parte deste livro pode ser reproduzida ou usada de qualquer forma ou por qualquer meio, eletrônico ou mecânico, inclusive fotocópias, gravações ou sistema de armazenamento em banco de dados, sem permissão por escrito exceto nos casos de trechos curtos citados em resenhas críticas ou artigos de revistas.

Direitos de tradução para a língua portuguesa adquiridos com exclusividade pela
EDITORA PENSAMENTO-CULTRIX LTDA. que se reserva a
propriedade literária desta tradução.
Rua Dr. Mário Vicente, 368 – 04270-000 – São Paulo, SP – Fone: (11) 2066-9000
http://www.editoracultrix.com.br
E-mail: atendimento@editoracultrix.com.br
Foi feito o depósito legal.

Impresso por : Graphium gráfica e editora

Dedicado
a meu Mestre

GICHIN FUNAKOSHI

SUMÁRIO

Introdução. 9
O que é o Karatê-dō. 11

Os quadris 13
A Fonte da Força: O Giro dos Quadris, Arremessando
os Quadris para a Frente.

Posturas 35
Como Desenvolver a Postura Correta: A Importância,
Requisitos, Postura e Estabilidade, Classificação das Posturas.

Dinâmica 59
Movimento e Mudança de Direção: Movimento para a Frente,
para Trás, para os Lados; Inversão da Direção, *Tai-sabaki*.

Pontos-Chave. 81
Coordenação: Cotovelos, Joelhos e Ombros; A Mão que Recua;
Pulsos, Tornozelos, Cotovelos, Antebraço; Regulagem do
Tempo, Equilíbrio, Distância; a Cabeça e os Olhos;
o Trajeto Correto, Velocidade, Força.

Treinamento-Chave. 113
Bloqueio, Soco, Golpe e Chute; Bloqueio Excessivo, Bloqueio
como Técnica Decisiva; a Elasticidade nas Técnicas de Golpe;
Técnicas dos Cotovelos; A Mola dos Quadris e Tornozelos;
O Joelho no Chute.

Músculos do Esqueleto. 136
Programa para a Prática das Técnicas Básicas. 140
Glossário. 143

INTRODUÇÃO

A última década assistiu a uma crescente popularidade do karatê-dō em todo o mundo. Entre os que foram atraídos por ele encontram-se estudantes e professores universitários, artistas, homens de negócios e funcionários públicos. O karatê passou a ser praticado por policiais e por membros das Forças Armadas do Japão. Em muitas universidades, tornou-se disciplina obrigatória, e o número delas está aumentando a cada ano.

Com o aumento da sua popularidade, têm surgido certas interpretações e atuações desastrosas e lamentáveis. Primeiro, o karatê foi confundido com o chamado boxe de estilo chinês e sua relação com o *Te* de Okinawa, que lhe deu origem, não foi devidamente entendida. Há também pessoas que passaram a vê-lo como um mero espetáculo, no qual dois homens se atacam selvagemente, ou em que os competidores se golpeiam como se estivessem numa espécie de luta na qual são usados os pés, ou em que um homem se exibe quebrando tijolos ou outros objetos duros com a cabeça, as mãos ou os pés.

É lamentável que o karatê seja praticado apenas como uma técnica de luta. As técnicas básicas foram desenvolvidas e aperfeiçoadas através de longos anos de estudo e de prática; mas, para se fazer um uso eficaz dessas técnicas, é preciso reconhecer o aspecto espiritual dessa arte de defesa pessoal e dar-lhe a devida importância. É gratificante para mim constatar que existem aqueles que entendem isso, que sabem que o karatê-dō é uma genuína arte marcial do Oriente, e que treinam com a atitude apropriada.

Ser capaz de infligir danos devastadores no adversário com um soco ou com um único chute tem sido, de fato, o objetivo dessa antiga arte marcial de origem okinawana. Mas mesmo os praticantes de antigamente colocavam maior ênfase no aspecto espiritual da arte do que nas técnicas. Treinar significa treinar o corpo e o espírito e, acima de tudo, a pessoa deve tratar o adversário com cortesia e a devida etiqueta. Não basta lutar com toda a força pessoal; o verdadeiro objetivo do karatê-dō é lutar em nome da justiça.

Gichim Funakoshi, um grande mestre de karatê-dō, observou repetidas vezes que o propósito máximo da prática dessa arte é o cultivo de um espírito sublime, de um espírito de humildade. E, ao mesmo tempo, desenvolver uma força capaz de destruir um animal selvagem enfurecido com um único golpe. Só é possível tornar-se um verdadeiro adepto do karatê-dō quando se atinge a perfeição nesses dois aspectos: o espiritual e o físico.

O karatê como arte de defesa pessoal e como meio de melhorar e manter a saúde existe há muito tempo. Nos últimos vinte anos uma nova atividade ligada a essa arte marcial está sendo cultivada com êxito: o *karatê como esporte.*

No karatê como esporte são realizadas competições com o propósito de determinar a habilidade dos participantes. Isso precisa ser enfatizado, porque também aqui há motivos para se lastimar. Há uma tendência a dar demasiada ênfase em vencer as competições, negligenciando a prática de técnicas fundamentais, preferindo em vez disso praticar o jiyū kumite na primeira oportunidade.

A ênfase em vencer as competições não pode deixar de alterar as técnicas fundamentais que a pessoa usa e a prática na qual ela se envolve. E, como se isso não bastasse, o resultado será a pessoa tornar-se incapaz de executar uma técnica poderosa e eficaz, que é, afinal, a característica peculiar do karatê-dō. O homem que começar a praticar prematuramente o jiyū kumite — sem ter praticado suficientemente as técnicas fundamentais — logo será surpreendido por um oponente que treinou as técnicas básicas longa e diligentemente. É simplesmente uma questão de comprovar o que afirma o velho ditado: que a pressa é inimiga da perfeição. Não há outra maneira de aprender a não ser praticando as técnicas e movimentos básicos, passo a passo, estágio por estágio.

Se é para realizar competições de karatê, que sejam organizadas em condições apropriadas e no espírito adequado. O desejo de vencer uma disputa é contraproducente, uma vez que leva a um falta de seriedade no aprendizado dos fundamentos. Além disso, ter como objetivo uma exibição selvagem de força e vigor numa disputa é algo totalmente indesejável. Quando isso acontece, a cortesia para com o adversário é esquecida e esta é de importância fundamental em qualquer modalidade do karatê. Acredito que essa questão merece muita reflexão e cuidado, tanto da parte dos instrutores como da parte dos estudantes.

Para explicar os muitos e complexos movimentos do corpo, é meu desejo oferecer um livro inteiramente ilustrado, com um texto atualizado, baseado na experiência que adquiri com essa arte ao longo de um período de quarenta e seis anos. Esse desejo está sendo realizado com a publicação desta série, *O Melhor do Karatê*, para a qual meus primeiros escritos foram totalmente revistos com a ajuda e o estímulo de meus leitores. Esta nova série explica em detalhes o que é o karatê-dō numa linguagem a mais simples possível, e espero sinceramente que seja de ajuda aos adeptos dessa arte. Espero também que os karatekas de muitos países sejam capazes de se entenderem melhor depois da leitura desta série de livros.

O QUE É O KARATÊ-DŌ

Decidir quem é o vencedor e quem é o vencido não é o seu objetivo principal. O karatê-dō é uma arte marcial para o desenvolvimento do caráter através do treinamento, para que o karateka possa superar quaisquer obstáculos, palpáveis ou não.

O karatê-dō é uma arte de defesa pessoal de mãos vazias, na qual braços e pernas são treinados sistematicamente e um inimigo, atacando de surpresa, pode ser controlado por uma demonstração de força igual à que faz uso de armas reais.

O karatê-dō é uma prática através da qual o karateka domina todos os movimentos do corpo, como flexões, saltos e o balanço, aprendendo a movimentar os membros e o corpo para trás e para a frente, para a esquerda e para a direita, para cima e para baixo, de um modo livre e uniforme.

As técnicas do karatê-dō são bem controladas de acordo com a força de vontade do karateka e são dirigidas para o alvo de maneira precisa e espontânea.

A essência das técnicas do karatê-dō é o *kime*. O propósito do *kime* é um ataque explosivo ao alvo usando a técnica apropriada e o máximo de força no menor tempo possível. (Antigamente, havia a expressão *ikken hissatsu*, que significa "matar com um golpe", mas concluir disso que matar seja o objetivo dessa técnica é tão perigoso quanto incorreto. É preciso lembrar que o karateka de antigamente podia praticar o *kime* diariamente e com uma seriedade mortal usando o makiwara.)

O *kime* pode ser realizado por golpes, socos ou chutes, mas também pelo bloqueio. Uma técnica sem *kime* jamais pode ser considerada um verdadeiro karatê, por maior que seja a semelhança. A disputa não é nenhuma exceção, embora seja contrário às regras estabelecer contato por causa do perigo envolvido.

Sun-dome significa interromper a técnica imediatamente antes de se estabelecer contato com o alvo (um *sun* equivale a cerca de três centímetros). Mas excluir o *kime* de uma técnica não é o verdadeiro karatê, de modo que o problema é como reconciliar a contradição entre *kime* e *sun-dome*. A resposta é a seguinte: determine o alvo levemente adiante do ponto vital do adversário. Ele então pode ser atingido de uma maneira controlada com o máximo de força, sem que haja contato.

O treino transforma as várias partes do corpo em armas a serem usadas de modo livre e eficaz. A qualidade necessária para se conseguir isso é o autocontrole. Para tornar-se um vencedor, a pessoa antes precisa vencer a si mesma.

Equipe inglesa. Tóquio, 1977

Disputas no Bicentenário dos Estados Unidos, 1976

1
OS QUADRIS

A FONTE DA FORÇA

Nas técnicas decisivas do karatê (*kime-waza*) está oculta uma tremenda força explosiva. Esta força é produzida pelos movimentos do corpo; especialmente importante é a volta da parte superior do corpo em combinação com a rotação dos quadris. O giro dos quadris, de maneira rápida e suave, mantendo-os ao mesmo tempo nivelados, também é encontrado em outros esportes, como o arremesso e a batida no beisebol, o ataque no golfe e no tiro ao alvo. Mas nem nos outros esportes nem nos socos e golpes do karatê o estiramento e contração do braço são suficientes para resultar numa técnica eficaz.

No karatê, *bloqueia-se com os quadris e golpeia-se com os quadris.*

A beleza da dança japonesa tradicional depende dos quadris.
(Chōjirō Hananoe, Professora de Hananoe-ryū)

O balanço do campeão de golfe Takashi Murakami. Forma ideal.

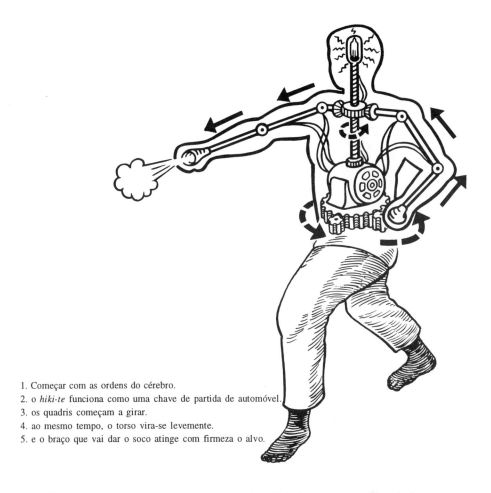

1. Começar com as ordens do cérebro.
2. o *hiki-te* funciona como uma chave de partida de automóvel.
3. os quadris começam a girar.
4. ao mesmo tempo, o torso vira-se levemente.
5. e o braço que vai dar o soco atinge com firmeza o alvo.

O balanço do recordista de beisebol, Sadaharu Oh. Giro suave centrado nos quadris.

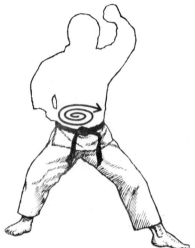 

Jōdan age-uke. Girando a mola.   *Gyaku-zuki*. Deixando a mola ceder.

O Giro dos Quadris

Nenhuma técnica consegue ser certeira e decisiva sem o uso máximo da rotatividade dos quadris.

Basicamente, o treino do giro dos quadris começa com movimentos rápidos numa escala relativamente ampla. À medida que se progride em termos de habilidade, o giro deve ser rápido, mas em pequena escala. Por fim, deve-se ter a sensação de os quadris girarem em um movimento afiadamente cortante.

Quanto às técnicas, há aquelas com movimentos rápidos, amplos e potentes e outras com movimentos rápidos, certeiros e curtos. É essencial o aprendizado de qual técnica é apropriada para cada situação. Isso só se consegue com o acúmulo de experiência.

O importante no treinamento inicial é o domínio da técnica rápida, potente, padronizada e que percorre o trajeto correto.

Quanto mais rápido for o giro dos quadris, melhor, porque dá à técnica uma enorme velocidade. O princípio da rotação é o mesmo que o de uma mola. Quanto mais apertada estiver a mola, maior será sua força quando ela for solta. Girar os quadris (para a posição semivoltada para a frente) e bloquear é como torcer a mola. Girar os quadris no outro sentido (para a posição original) e dar o soco é como soltar a mola.

Recuo do braço (hiki-te) — *Giro dos quadris* (bloqueio) — *Rotação inversa dos quadris* — *Soco*.

Relação entre o recuo da mão e o giro dos quadris.

Sem mudar de posição, os quadris e os ombros giram ao mesmo tempo.

Os Pontos Importantes

1. Mantenha os quadris numa linha horizontal ao chão e gire-os levemente.

2. Não deixe que nenhum dos lados dos quadris se eleve; mantenha-os sempre nivelados.

3. Não gire os ombros sozinhos. Gire a parte superior do corpo levemente e em combinação com os quadris.

4. Mantenha sempre o torso ereto, tomando cuidado para que as nádegas não se projetem para trás.

Métodos de Prática

Ordem da prática: Posição preparatória — posição semivoltada para a frente — posição voltada para a frente — posição semivoltada para a frente.

1. *Posição preparatória.* Voltada para a frente na posição avançada (*zenkutsu-dachi*), coloque a palma de ambas as mãos nos quadris. Com os polegares, pressione o ilíaco para cima. Mantenha o torso ereto.

2. *Posição semivoltada para a frente.* Da posição avançada, gire os quadris vigorosamente para um lado (*hanmi*, a 45° da posição frontal). O giro da parte superior do corpo tem de ser coordenado com o dos quadris.

3. *Posição voltada para a frente.* Mantendo a parte superior do corpo ereta, gire suave e uniformemente os quadris para ficar de frente. Justamente no término desse movimento, a força é mais substancial. Nesse instante, arremesse-se vigorosamente para baixo com a perna de trás.

4. *Posição semivoltada para a frente.* Retirando toda a força, silenciosa e lentamente retorne à posição semivoltada para a frente.

Giros Sucessivos

Quando as técnicas são executadas, como no bloqueio seguido de soco ou soco seguido de bloqueio e novamente de soco, os quadris têm que girar sucessivamente. Ao passar da posição voltada para a frente para a semivoltada para a frente, à voltada para a frente e à semivoltada para a frente, se a volta for completa, o retorno será o mais natural e correto. Para fazer pleno uso dos quadris, os músculos laterais de abdômen têm de estar completamente tensos. Somente quando esses músculos estiverem totalmente tensos é que os quadris girarão naturalmente.

Soco invertido

Rotação Regular e Inversa

De acordo com a técnica, a rotação dos quadris é regular ou inversa. Não há diferença na efetividade da técnica.

Jun Kaiten   *Giro Regular*

A direção do giro e a direção da técnica são as mesmas.

Os quadris giram para a esquerda; o punho direito é usado para a execução de técnicas como o soco direto (*choku-zuki*), soco semicircular (*mawashi-zuki*) e soco-gancho (*kagi-zuki*). Os quadris giram para a direita; o braço esquerdo é usado em técnicas como o bloqueio para cima (*age-uke*) e o bloqueio de fora para dentro (*soto-uke*).

Bloqueio para baixo

Gyaku Kaiten   *Giro Invertido*

A direção do giro e a direção da técnica são opostas. Os quadris giram para a direita e a técnica é executada para a esquerda. O giro inverso é usado principalmente para o bloqueio para baixo (*gedan barai*); bloqueio contra o ataque ao corpo, de dentro para fora (*chūdan uchi-uke*); bloqueio com a mão em espada (*shutō uke*), etc. Na disputa, entretanto, há casos, como quando se está muito próximo, em que esses bloqueios podem ser efetuados com o giro regular.

Bloqueio contra o ataque ao corpo, de dentro para fora

Bloqueio com a mão em espada

Hanmi   *Posição Semivoltada para a Frente*

O quadril da perna dianteira está à frente. Há uma tendência do quadril dianteiro de recuar e da parte superior do corpo de inclinar-se para a frente (por exemplo, quando se efetua o bloqueio esquerdo de fora para dentro com a base do punho). Para evitar isso, a sensação deve ser a de empurrar o quadril para cima.

Gyaku Hanmi   *Posição Semivoltada para a Frente Invertida*

O quadril da perna traseira volta-se para a frente. Como as pernas estão viradas totalmente para dentro, a postura é um pouco mais estreita do que na *hanmi*. É importante ter a sensação de arremessar o quadril que executa a técnica para a frente ao máximo (por exemplo, o quadril direito num bloqueio direito de dentro para fora).

Posição semivoltada para a frente — Posição semivoltada para a frente invertida
Elevando o quadril esquerdo para a frente — Elevando o quadril direito para a frente

25

Arremessando os Quadris para a Frente

Não menos importante para a geração de força do que o giro dos quadris é o arremesso para a frente dos quadris. Ao fazer um ataque certeiro e vigoroso, que impeça o adversário de contra-atacar, a capacidade de arremessar os quadris para a frente é o ponto crucial entre o sucesso e o fracasso.

Neste movimento, a perna dianteira é a perna de apoio. A perna de trás e, portanto, a parte superior do corpo, passa a apoiar-se na perna dianteira. Nesse ponto, a perna de apoio é arremessada para trás e para baixo com grande força. Isso empurra os quadris e o corpo para a frente.

Isso não é mesmo que dar um passo à frente. A força motivadora provém do arremesso vigoroso da perna de apoio; o princípio é o mesmo do motor a jato. O volume do peso do corpo é colocado sobre os quadris, que carregam o corpo para a frente. O núcleo vital do movimento é a reação entre a perna de apoio e o chão. Quanto maior for essa reação, mais rapidamente o corpo avança.

O trajeto que a força percorre vai dos quadris para a coluna, para os ombros e para os braços. Para que a transmissão de força seja fácil, os quadris e a pélvis precisam estar firmemente conectados com a coluna e a parte superior do corpo. Ao mesmo tempo que os músculos do abdômen são tensionados, também os que suportam a coluna precisam ser tensionados. Se os músculos abdominais não estiverem suficientemente tensos, os quadris e o torso ficarão flácidos.

Em conseqüência disso, a força dos quadris não pode ser devidamente canalizada e o soco ou golpe será fraco.

Seja no soco avançado direto ou em outras técnicas, a união e a aplicação plena da força da rotação com a força do movimento para a frente maximiza a cinética e a transforma numa técnica muito poderosa e eficaz. Como isso funciona pode-se perceber assumindo-se uma postura recuada diagonalmente para trás. Se a perna dianteira então é empurrada com força contra o chão, os quadris e o corpo se moverão diagonalmente para trás.

Na posição avançada, quando o pé que suporta é arremessado para baixo, os músculos glúteos superiores movimentam as articulações dos quadris, o quadríceps as articulações dos joelhos e os músculos gastrocnêmio e soleus as articulações dos tornozelos. É muito importante aprender a correlação entre os músculos e os movimentos, para poder usar devidamente os músculos.

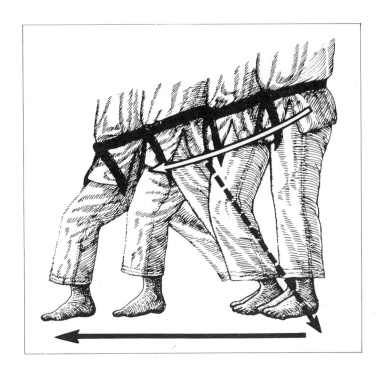

Os Pontos Importantes

1. Quando se avança, o centro de gravidade passa para a frente e o peso do corpo passa para a perna que suporta. Apesar de o joelho dessa perna estar flexionado, a perna tem que ser mantida forte e flexível.

2. A perna de trás e o torso são trazidos juntamente para a perna de apoio.

3. A sola inteira do pé de apoio deve estar em contato firme com o chão. O outro pé deve mover-se com uma leve sensação de flutuar e tocar levemente o pé de apoio.

4. Quando a perna de apoio é estendida, ela é arremessada diagonalmente para trás e para baixo com uma forte sensação semelhante à de um chute. Use a reação para mover rapidamente os quadris para a frente. Ao mesmo tempo, dê um passo à frente com o outro pé.

5. A outra perna passa bem para a frente, para a posição avançada. Quando ela parar, tensione todos os músculos da coxa e da barriga da perna por um instante. (Essa perna torna-se a perna importante de apoio na técnica seguinte.)

6. O pé escorrega levemente, como se houvesse uma folha de papel fino entre ele e o chão, traçando um arco raso para o lado interno.

7. Nem a altura dos quadris nem a direção para a qual o centro de gravidade está se movendo devem ser alteradas durante o movimento. Se os quadris se moverem para cima ou para baixo, a direção da força torna-se incerta e perde-se a estabilidade.

8. Para estar preparado para qualquer mudança na situação, é preciso manter a força firmemente no abdômen e manter a parte superior do corpo diretamente acima dos quadris e verticalmente ereta.

Forma correta

Forma incorreta

Métodos de Treino

1. Na postura informal de atenção (*heisoku-dachi*), coloque a palma de ambas as mãos nos quadris, com os polegares voltados para a coluna. Os cotovelos voltados para os lados, os ombros relaxados, o peito para a frente, o baixo-ventre razoavelmente tenso, causando uma sensação de empurrar a pélvis para a frente com os polegares. Mantenha os quadris flexíveis o máximo que for possível.

2. Estendendo o joelho esquerdo, arremesse a perna diagonalmente para trás, mantendo a sola do pé em firme contato com o chão. Ao mesmo tempo, coloque força na palma das mãos e empurre a pélvis totalmente para a frente.

3. Também ao mesmo tempo, deslize o pé direito um passo à frente.

4. Com o joelho direito totalmente dobrado, assuma a posição direita para a frente.

5. Leve o pé direito de volta à sua posição original e assuma a posição informal de atenção.

6. Deslizando o pé esquerdo, dê um passo à frente.

7. Pratique, repetindo os movimentos acima.

Arremessando os quadris para a frente a partir da posição informal de atenção

Checando a sua Performance

A parte superior do corpo inclinada para a frente.

Quando voltado para a frente, corrija essa postura empurrando o ilíaco para cima e para a frente, usando especialmente os polegares. Na posição semivoltada para a frente o quadril dianteiro pode recuar e o torso pender para trás. Corrija isso procurando empurrar os ossos do quadril posterior para cima e para a frente.

Os ombros virando antes dos quadris.

Pela contração do baixo-ventre, especialmente dos músculos diretamente relacionados e dos laterais, a pélvis e o peito podem ser fortemente associados. Eles parecerão uma única prancha, e quadris e ombros girarão simultaneamente.

O calcanhar da perna de trás oscilando.

Se o joelho da perna de trás abaixa e o calcanhar sobe, isso interferirá no giro completo dos quadris. Ao flexionar totalmente o joelho, estenda a perna para impedir que o calcanhar oscile.

Se houver peso demasiado sobre a perna dianteira, o calcanhar da perna de trás oscilará. Então, você poderá ser facilmente descontrolado pelo adversário, deslocando sua perna de sustentação. O ponto importante é manter toda a sola do pé em contato com o chão e pressioná-la firmemente.

Os quadris fora do nível horizontal.

Não é incomum ver os quadris fora da posição ou movendo-se para cima ou para baixo. As pernas têm que estar firmes e os joelhos e tornozelos, tesos e esticados. Deve-se tomar cuidado especial para que o joelho da perna dianteira não se mova.

A perna de apoio sem firmeza; os ombros dirigindo o corpo.

Em qualquer um dos casos, a estabilidade da parte inferior do corpo será frágil, enfraquecendo as técnicas. O tornozelo tem que estar firme e teso, o joelho totalmente estendido e os quadris arremessados vigorosamente para a frente.

Somente as pernas se movem para a frente.

O movimento descompassado do torso resultará numa técnica indecisa e, em conseqüência, fraca. O torso, as pernas, os quadris e o soco têm de mover-se ao mesmo tempo. Movimente os quadris o mais rapidamente possível. Você tem que ter a intenção de executar uma técnica decisiva.

As fotos na página seguinte mostram a forma *incorreta*.

Equipe colombiana, Los Angeles, 1975

Equipe de Trinidad-Tobago, Los Angeles, 1975

2
POSTURAS

COMO DESENVOLVER A POSTURA CORRETA

A Importância da Postura Correta

A técnica potente é resultante de uma posição sobre os pés bem firmados. Seja a técnica de ataque ou defesa, ela não será eficaz se o corpo não estiver bem equilibrado e estável. A capacidade de devolver um ataque em quaisquer circunstâncias depende, em grande parte, da manutenção da forma correta. Para que as técnicas sejam executadas com força, rapidez, precisão e suavidade, precisam partir de uma base forte e estável.

No karatê, a *postura* (*tachikata*) refere-se à posição da parte inferior do corpo, dos quadris e das pernas, que suportam literalmente a parte superior do corpo. Assim, as técnicas são mais eficazes quando a forma for a ideal. O momento em que isso é importante é o instante em que a técnica é executada. Boa forma não significa rigidez. A concentração excessiva na manutenção de uma postura firme e estável resultará em perda da mobilidade, necessária para a realização de movimentos.

Vale lembrar que os arranha-céus só podem ser construídos sobre bases sólidas.

Requisitos da Postura Correta

A base da execução de uma técnica é a postura correta mais o equilíbrio e a coordenação harmoniosa de todas as partes do corpo. Ambos os pés, ambas as pernas, o torso, ambos os braços e ambas as mãos têm que estar sob controle e todos têm que funcionar juntos ao mesmo tempo. Dessa maneira, as técnicas tornam-se rápidas e eficientes. O delicado controle requerido depende e é determinado pela postura correta.

Ao executar uma técnica:

1. Esteja bem equilibrado.
2. Gire suavemente os quadris.
3. Use o máximo de rapidez.
4. Verifique se a força é suficiente e o controle é facilmente dominado.
5. Procure fazer com que os músculos apropriados à técnica em particular se movam suavemente e que os grupos musculares trabalhem em cooperação harmoniosa. Por essa razão, descubra *quais* músculos são usados *quando*. (Ver páginas 136-9.)

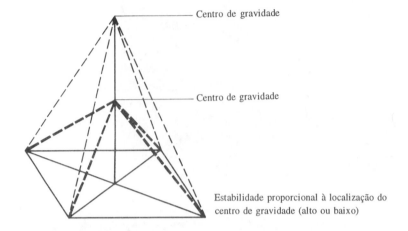

Centro de gravidade

Centro de gravidade

Estabilidade proporcional à localização do centro de gravidade (alto ou baixo)

Postura e Estabilidade

A estabilidade está em proporção direta com a área abarcada pelos pés. Por exemplo, a postura recuada tem um nível mais alto da estabilidade do que a postura do gato, enquanto a postura avançada é mais estável do que a recuada.

A altura do centro de gravidade é outro fator. Quanto mais baixo for o centro de gravidade, mais estável será a postura.

Para absorver a reação que ocorre quando uma técnica é executada com força, a postura tem que ser baixa e a posição tal que os pés abarquem uma vasta área. A postura tem que ser forte mas flexível.

Com respeito à força e à estabilidade, a melhor postura é a que resulta de ter a sola de ambos os pés solidamente plantadas no chão e as pernas apertadas com as coxas enroscadas firmemente uma na outra. Dessa maneira, a postura imóvel, a avançada, a do cavaleiro e a de sumô têm alto nível de estabilidade.

Uma posição na qual a área abarcada pelos pés não é grande pode também ser estável, entretanto. A base da pequena meia-lua, por exemplo, tem maior estabilidade do que tanto a posição recuada quanto a posição do gato.

Posturas especiais, como equilibrar-se apenas sobre a perna esquerda, ou apoiar-se numa única perna ao chutar, têm um nível relativamente baixo de estabilidade.

Depois de comparar as várias posições, a pessoa terá também que aprender a fazer uso apropriado e efetivo de cada uma. E durante todo o treinamento terá que ter a estabilidade em mente.

Para a forma e a estabilidade, é necessário que se tenha a sensação de que a linha de conexão do umbigo com o ânus é a mais curta possível.

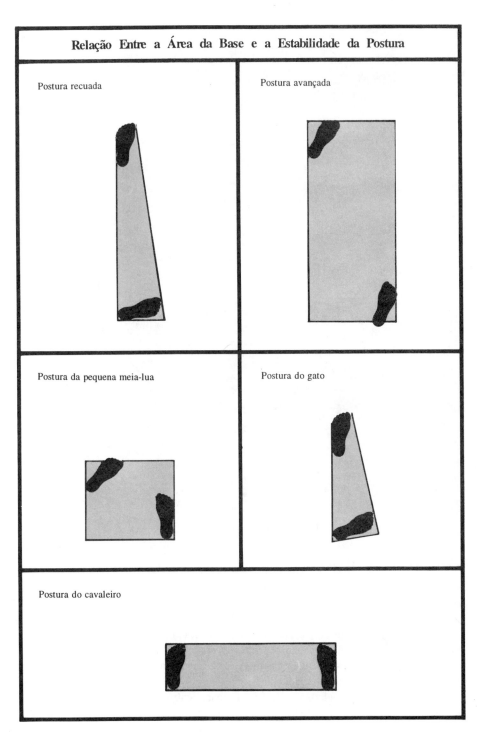

Classificação das Posturas

As posturas podem ser classificadas em dois grupos, de acordo com o modo com que os joelhos são usados em relação com o centro de gravidade.

Num grupo, os joelhos são pressionados com força para fora a partir da linha (imaginária) que conecta o centro de gravidade do corpo com o chão, como nas posições do cavaleiro, imóvel, avançada de sumô e posição recuada (somente a parte posterior das pernas).

No outro grupo, os joelhos são flexionados para dentro, como na postura da pequena meia-lua e na da meia-lua.

1. Ambos os joelhos pressionados para fora

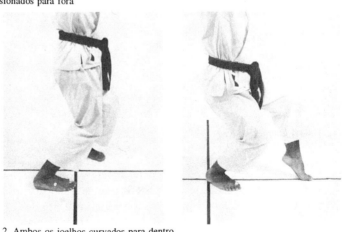

2. Ambos os joelhos curvados para dentro

Os Pontos Importantes

Como Abrir os Joelhos

Imagine uma linha ligando os joelhos e estendendo-se para os lados além deles. Abra os joelhos com força para fora na linha estendida. (Posturas do cavaleiro, imóvel e avançada.)

Joelhos e Dedos dos Pés

Seja qual for a posição, os joelhos e os dedos dos pés de cada perna devem apontar para a mesma direção.

Joelhos e Tornozelos

Os joelhos e os tornozelos têm de estar suficientemente dobrados e fortemente travados.

Os pés ligados com o chão como se tivessem ventosas

Solas dos Pés

Toda a superfície das solas dos pés deve estar em contato seguro com o chão. A sensação é a de uma forte aderência.

Altura dos Quadris

Qualquer que seja a posição, a altura dos quadris não varia significativamente.

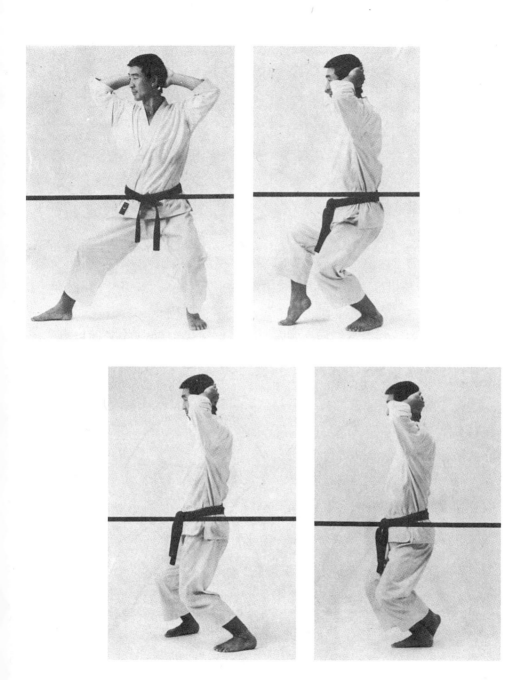

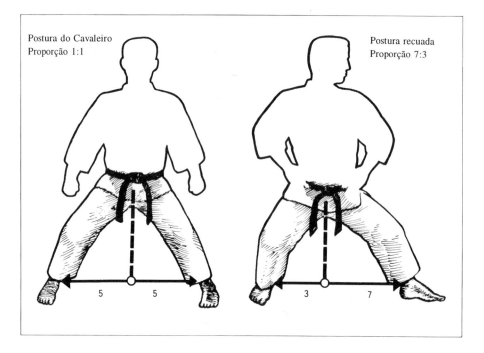

Posição dos Quadris

De acordo com a postura, a posição dos quadris tem que ser diferenciada com precisão.

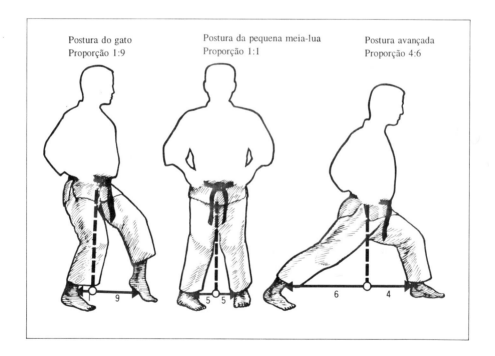

Postura do gato
Proporção 1:9

Postura da pequena meia-lua
Proporção 1:1

Postura avançada
Proporção 4:6

Zenkutsu-dachi

Postura e Técnica

As posturas variam de acordo com o objetivo.

Zenkutsu-dachi — *Postura Avançada*
Esta é usada quando a força deve ser dirigida para a frente.

Kiba-dachi — *Postura do Cavaleiro*
Esta pode ser usada quando os ataques provêm de ambos os lados.

Kōkutsu-dachi — *Postura Recuada*
Neko-ashi-dachi — *Postura do Gato*
Estas são úteis para o bloqueio quando se movem para trás, ou para colocar o corpo seguro fora do alcance do adversário.

Kōsa-dachi — *Posição de Pés Cruzados*
Entre os usos dessa postura incluem-se o salto muito próximo do adversário e a descida depois de um salto de uma altura. Ao descer, o peso do corpo deve ser colocado de preferência sobre uma perna, em vez de sobre as duas.

Para poder manter um bom equilíbrio enquanto se está apoiado sobre uma perna, a outra atravessa por detrás do calcanhar ou em frente do tornozelo da perna que suporta.

Kiba-dachi

Neko-ashi-dachi

Kosa-dachi

Métodos de Treino

1. Comece com a postura natural (*shizen-tai*).
2. Deslizando o pé esquerdo um passo à frente, assuma a posição da esquerda avançada (*zenkutsu-dachi*).
3. Leve o pé esquerdo para trás, assuma a posição natural (*heisokudachi*).
4. Deslizando o pé direito um passo à frente, assuma a posição direita avançada (*zenkutsu-dachi*).
5. Leve o pé direito para trás; assuma posição natural (*heisoku-dachi*).
6. Deslizando o pé esquerdo um passo para o lado, assuma a posição de montar a cavalo (*kiba-dachi*).
7. Leve o pé esquerdo para trás; assuma a posição natural (*heisoku-dachi*).
8. Deslizando o pé direito um passo para o lado, assuma a posição de montar a cavalo (*kiba-dachi*).
9. Leve o pé direito para trás; assuma a posição natural (*heisoku-dachi*).
10. Retirando o pé esquerdo um passo para trás, assuma a posição esquerda recuada (*kōkutsu-dachi*).
11. Leve o pé esquerdo para trás; assuma a posição natural (*heisokudachi*).
12. Recuando com o pé direito um passo para trás, assuma a posição direita recuada (*kōkutsu-dachi*).
13. Leve o pé direito para trás; assuma a posição natural (*heisoku-dachi*).
14. Recuando com o pé direito um passo para trás, assuma a posição esquerda avançada (*zenkutsu-dachi*).
15. Leve o pé direito para trás; assuma a posição natural (*heisoku-dachi*).
16. Retirando o pé esquerdo um passo para trás, assuma a posição direita avançada (*zenkutsu-dachi*).
17. Leve o pé esquerdo para trás; assuma a posição natural (*heisokudachi*).

Treinando as Posturas

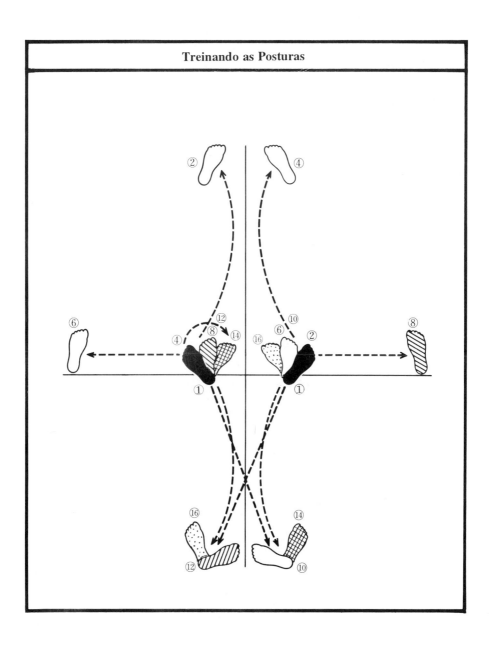

Checando o seu Desempenho

Nádegas projetadas para trás.
Como o centro de gravidade tem que ser baixo, deixar que as nádegas se arrebitem para trás resultará no encurvamento das costas e na perda do equilíbrio.

Preocupação excessiva com a forma.
Se você estiver obcecado por ter boa forma (*katachi*), será impossível manter uma postura realmente correta. Procure tensionar totalmente os músculos do lado interno das coxas.

Quadris fora de lugar.
Conforme já foi mencionado, os quadris têm que ser mantidos no mesmo nível. Tome cuidado para que o joelho flexionado não esteja relaxado.

Tornozelos flutuando.
O tornozelo, apesar de flexionado, tem de estar firme, senão a postura será frágil.

Calcanhares oscilantes.
Se os calcanhares não estiverem plantados no chão, a posição será frágil e instável.

Calcanhares e dedos fora de linha.
O joelho e os dedos dos pés da mesma perna sempre têm de apontar para a mesma direção; do contrário, perde-se o equilíbrio.

As fotos abaixo mostram a forma *incorreta*.

Egito, 1977

3
DINÂMICA

MOVIMENTO E MUDANÇA DE DIREÇÃO

Executar uma técnica enquanto se desloca para a frente ou para trás, para a direita ou para a esquerda, não é o mesmo que andar, correr ou pular como um sapo. O movimento em qualquer direção depende do uso correto das pernas.

Uma das pernas é a perna-pivô (*jiku ashi*). Esta é a perna do lado oposto da direção do movimento, e é ela quem fornece a força motora que inicia o movimento. Com uma forte flexão do joelho, o pé é empurrado contra o chão, criando uma reação. Desta maneira, os quadris e a parte superior do corpo se movem para a frente em conjunto com a outra perna.

O pé da perna que se desloca (*dō-kyaku*) desliza sobre o chão suavemente.

Quando avança, a perna de trás é a perna-pivô. Da mesma forma, quando se move para a esquerda, a perna direita é a perna-pivô.

A diferenciação entre a perna-pivô e a perna que se movimenta é um importante ponto básico. Esse deve ser bem assimilado e colocado em prática. A perna-pivô chuta o chão vigorosamente; a perna que está em movimento desliza muito rapidamente, mas com suavidade.

No kumite ou no kata, os movimentos do principiante é que são barulhentos e irregulares. O pé do karateka experiente desliza suavemente como se houvesse uma folha de papel entre seu pé e o chão. Sua técnica será vigorosa e certeira, mas não importa a intensidade de seu movimento; ele não faz nenhum ruído, mesmo quando retorna ao chão saltando do alto. Ele usa habilmente o *sei* e o *dō* (tranqüilidade e movimento, inatividade e atividade).

No caso do *fumikomi*, o pé deve bater o chão com a sensação de que a força é suficiente para romper uma prancha.

Kendō

O drama Nō (*suri-ashi*)

61

Movimento para a Frente

Ao mover-se para a frente, estenda o joelho do pé-pivô e, vigorosa e certeiramente, leve a sola, particularmente o calcanhar, ao chão. Usando a reação resultante disso, arremesse os quadris para a frente rapidamente, deslizando ao mesmo tempo a outra perna para a frente.

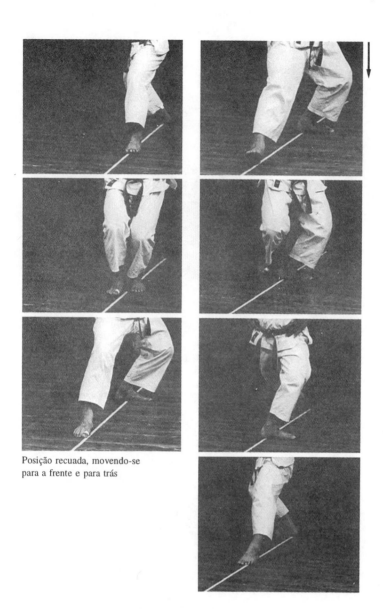

Posição recuada, movendo-se
para a frente e para trás

Movimento para Trás

Ao mover-se da posição avançada para trás, a perna de trás é a perna-pivô. Recue firmemente os quadris, como se o seu peso fosse ser suportado pelo calcanhar do pé-pivô, levando ao mesmo tempo o pé para trás num arco raso para dentro. Os quadris giram juntos para a posição semivoltada para a frente.

Como os quadris giram com especial facilidade, esse movimento é mais usado para o bloqueio.

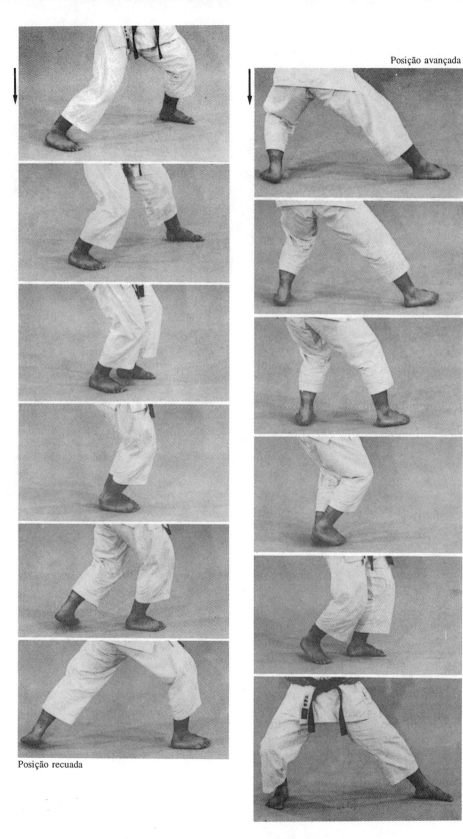

Posição avançada

Posição recuada

Movimento para os Lados

A perna-pivô está do lado oposto da direção do movimento. Pise no chão com força e firmeza. Use essa reação. Os quadris e a perna que se move vão juntos na direção oposta.

Fumidashi

Fumidashi e Fumikomi

É importante fazer uma distinção clara entre *fumidashi* e *fumikomi*.

Estender com força a perna-pivô, manter os quadris nivelados e deslizar levemente a perna que se move — isso é *fumidashi*.

Fumikomi é um chute esmagador. Com a perna-pivô como perna de apoio, a outra perna é levada ao alto e arremessada vigorosamente para baixo, entrando a sola inteira do pé em contato com o chão de uma só vez.

Fumikomi

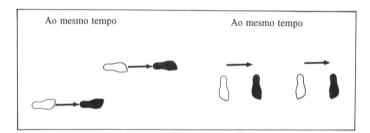

Yori-ashi   *Deslizando o Pé*

Mover ambos os pés ao mesmo tempo — para a frente, para trás, para a esquerda ou para a direita — sem mudar de posição ou sem mudar a posição da parte superior do corpo é conhecido como *yori-ashi*.

A força propulsora advém da pressão da perna-pivô contra o chão. Encontrando uma oportunidade de movimento, os quadris, sempre nivelados horizontalmente, são arremetidos para a frente, para trás ou para um lado. Ambos os pés deslizam leve e suavemente ao mesmo tempo. É preciso tomar cuidado com a distância percorrida. O comprimento do pé da pessoa é mais ou menos o limite. Qualquer comprimento maior do que esse provocará perda de estabilidade.

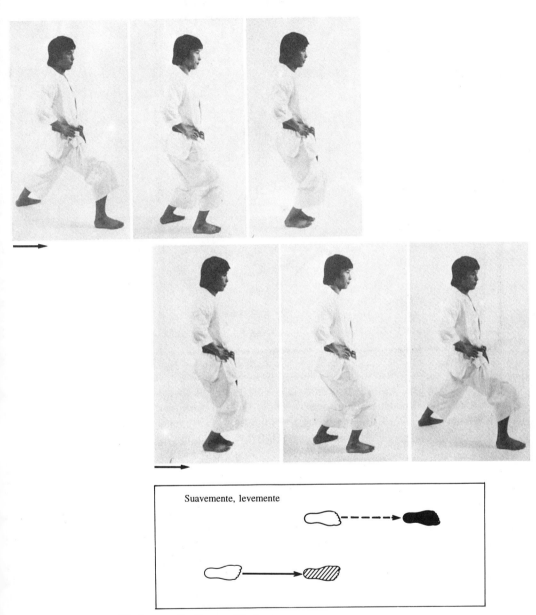

Mudança da Perna-Pivô

Para mudar a perna-pivô, o pé da outra perna é levado para perto do pé da perna-pivô e o peso do corpo passa imediatamente de um pé para outro. Esse movimento é especialmente importante para encurtar a distância entre você e o adversário.

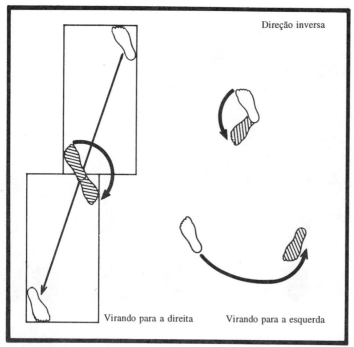

Mudança de Direção

Mudar de direção não significa simplesmente voltar-se para outra direção, nem significa cercar o adversário. A incapacidade para mudar rapidamente de direção resultará numa perda de ritmo.

Com o movimento centrado na perna-pivô, os quadris devem girar veementemente, causando uma sensação cortante. A execução da técnica deve ser simultânea ao movimento. O contato da sola do pé-pivô com o chão deve ser firme e seguro, causando a sensação de que a sola inteira se curva.

Inversão da Direção

Ao inverter a direção, os quadris giram provocando a sensação de quem coloca o peso sobre o calcanhar do pé-pivô. Dessa maneira, a rotação será suave e os quadris se mantêm nivelados. Se não for feito dessa maneira, os quadris oscilarão e não se conseguirá efetuar a inversão com a devida rapidez.

Método Especial de Mudança de Direção

O pé de trás desloca-se meio passo na direção do quadril. Então, a cabeça, o quadril e o pé formam uma linha axial imaginária. Girando como uma tampa, a parte superior do corpo e os quadris giram rapidamente, mudando a direção para a qual a pessoa está voltada para o lado.

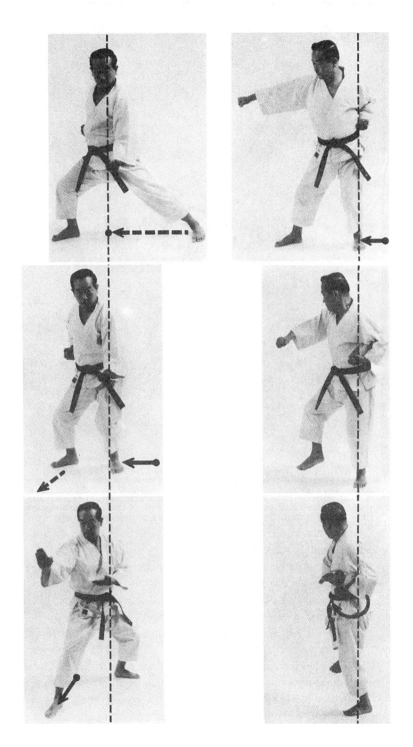

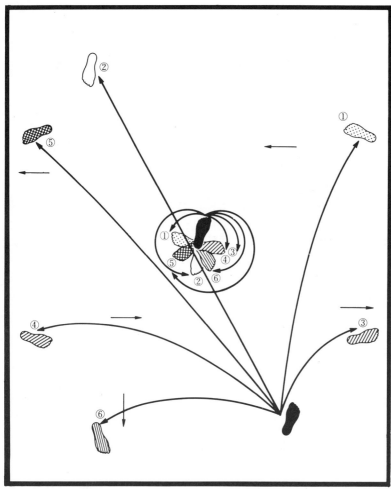

Mudança de Direção, Método de Treinamento A

Posição esquerda avançada, perna esquerda como perna-pivô.

1. Gire para a esquerda, assumindo uma posição avançada voltada para o lado esquerdo.

2. Gire bem para a esquerda, assumindo uma posição avançada com a esquerda voltada para trás.

3. Gire para a direita, assumindo uma posição avançada voltada para o lado direito (mova o pé direito para o lado direito).

4. Gire para a direita, assumindo uma posição avançada com a esquerda voltada para o lado direito.

5. Gire bem para a direita, assumindo uma posição avançada com a direita voltada para o lado esquerdo (deslizando o pé direito para a frente, mova-o para o lado esquerdo).

6. Gire para a direita, assumindo uma posição avançada com a direita voltada para trás (mova o pé direito para o lado esquerdo).

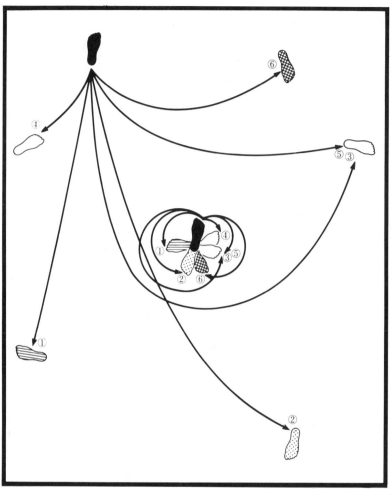

Mudança de Direção, Método de Treinamento B

Posição esquerda avançada; a perna direita como perna-pivô.

1. Gire para a esquerda, assumindo uma posição avançada com a esquerda voltada para o lado esquerdo.

2. Gire para a esquerda, assumindo uma posição avançada com a esquerda voltada para trás.

3. Gire bem para a esquerda, assumindo uma posição avançada com a esquerda voltada para o lado direito.

4. Gire para a direita, assumindo uma posição avançada com a direita voltada para o lado direito (leve o pé esquerdo de trás para o lado esquerdo).

5. Gire para a direita, assumindo uma posição avançada com a esquerda voltada para o lado direito.

6. Gire para a direita, assumindo uma posição avançada com a direita voltada para trás (mova o pé esquerdo para o lado direito).

Tai-sabaki

Bloquear enquanto se controla o ataque do adversário e, em seguida, transformar essa ação num contra-ataque é um ponto muito importante. Tomar cuidado com o próprio corpo e recuar parecem à primeira vista ser muito semelhantes mas quando são examinados com atenção vê-se como é grande a diferença.

Recuar é, obviamente, apenas afastar-se de um ataque, sem considerar qualquer outra coisa. *Tai-sabaki*, por outro lado, significa controlar ou lidar com o próprio corpo de maneira a evitar o ataque ao mesmo tempo que se planeja um contra-ataque. Para que este seja eficaz, a distância é de grande importância. De fato, a pessoa deve ser capaz de bloquear e contra-atacar de uma distância extremamente próxima.

Conseqüentemente, cercar o oponente não tem sentido. O que importa é a habilidade para transformar qualquer uma das pernas na perna-pivô e para guiar os quadris com um rápido movimento cortante.

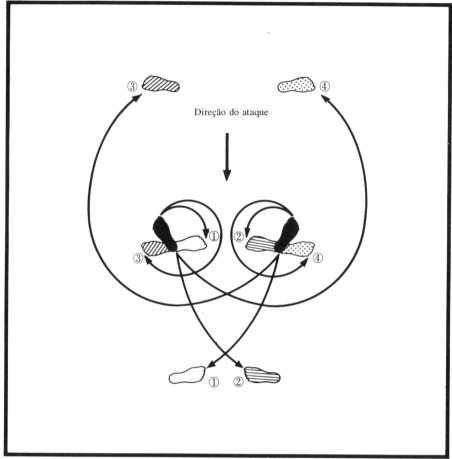

Tai-sabaki, Método de Treinamento A

1. Tendo o pé esquerdo como pivô, gire os quadris para a direita, leve o pé direito para trás e volte-se de frente para o lado direito.

2. Tendo a perna direita como pivô, gire os quadris para a esquerda, leve o pé esquerdo para trás e volte-se de frente para o lado esquerdo.

3. Tendo o pé esquerdo como pivô, gire os quadris para a esquerda, leve o pé esquerdo bem para a frente e volte-se de frente para o lado esquerdo.

4. Tendo a perna direita como pivô, gire os quadris para a direita, leve o pé esquerdo bem para a frente e volte-se de frente para o lado direito.

Tai-sabaki, Método de Treinamento B

Fazendo uso essencialmente dos mesmos movimentos praticados no método de treinamento A, deixe que seu adversário o ataque. Não use os braços; coloque ambas as mãos atrás da cabeça. Ao acostumar-se gradualmente com isso, você pode deixar o soco do adversário aproximar-se bastante do seu corpo antes de executar um *tai-sabaki* muito rápido.

Checando seu Desempenho

Mudança rápida de direção

A rotação em torno do eixo tem de ser realizada suavemente, sem hesitação, e a rotação dos quadris tem de ser rápida. Do contrário, não se consegue evitar o ataque. A velocidade deve ser a máxima desde o início do movimento.

Quadris nivelados horizontalmente

Como sempre, a altura dos quadris tem que ser inalterada, com nenhum dos quadris elevando-se ou abaixando-se.

Sola do pé oscilando

O movimento se concentra na perna-pivô. A sola tem que proporcionar uma base sólida. O pé não pode oscilar ou vacilar.

Atraso

Se a técnica é executada depois da mudança de direção, ela está fora do ritmo. A execução tem que ser simultânea à mudança de direção.

Bélgica, 1976

Competição Mediterrânea, Itália, 1976

4
PONTOS-CHAVE

COORDENAÇÃO

Cotovelos, Joelhos e Ombros

Apesar de as técnicas de karatê-dō serem quase ilimitadas em número, podem-se fazer classificações genéricas com base no modo como são usados os cotovelos e os joelhos.

O cotovelo é estendido para dar socos (*tsuki*) transmitindo com isso a força que advém da rotação dos quadris para o ombro, o braço e o punho.

A dobra do cotovelo é usada para golpear (*uchi*), uma vez que o movimento circular do braço está centrado no cotovelo. No caso do golpe com o punho dorsal (*uraken-uchi*), a força do cotovelo é transmitida na direção seguida pelo punho.

O joelho é endireitado para o chute de arremesso, penetrante (*kekomi*). A flexão do joelho é usada para o chute ascendente instantâneo (*keage*). No caso do chute de arremesso, penetrante, a força é aplicada na direção em que o joelho é endireitado. No chute ascendente instantâneo, a força do joelho percorre um arco até a planta do pé.

Os ombros têm que ser mantidos sempre baixos — no início de uma técnica, durante sua execução e mesmo depois de ela ter sido concluída. Se os ombros se elevarem, isso indica que estão tensos, o que torna o movimento suave impossível. Os músculos do lado do corpo relaxarão e não se consegue concentrar a força.

Quando a pessoa está preocupada com a execução de uma técnica, os ombros sempre se elevam. Em vez de pensar na técnica, pense em manter os ombros abaixados.

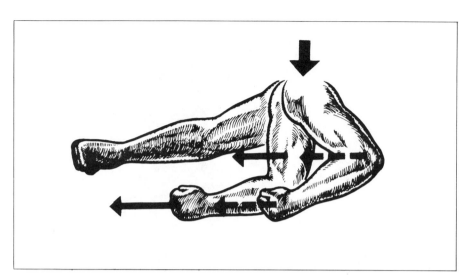

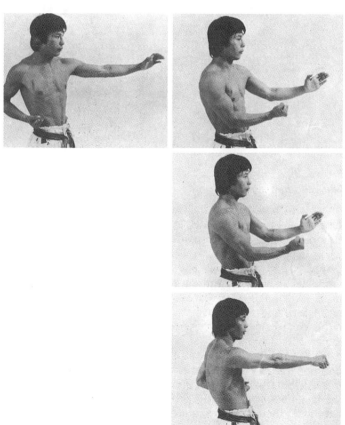

83

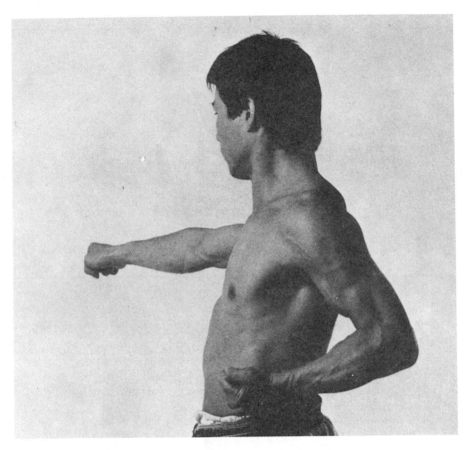

A Mão que Recua

A mão que recua (*hiki-te*) dirige a rotação dos quadris. Quando executa uma técnica, a mão que recua tem de mover-se com vigor, rápida e competentemente. Do contrário, a técnica não terá sua eficiência máxima. Outro ponto importante é que ambos os braços têm que mover-se exatamente ao mesmo tempo.

Se uma técnica está sendo executada com a mão direita, é comum que o cotovelo esquerdo seja afastado diretamente para trás. Entretanto, quando se bloqueia da posição semivoltada para a frente, é melhor se o cotovelo voltar um pouco na direção da coluna, em vez de diretamente para trás.

Quando se golpeia traçando um amplo arco, o braço que recuar também deve descrever um amplo arco. Em outras palavras, se a técnica é executada numa linha reta, o outro braço recua numa linha reta. Se a técnica for executada em linha curva, o outro braço perfaz um arco.

Não é exagero dizer que a excelência das técnicas resulta do vigoroso e rápido recuo do braço.

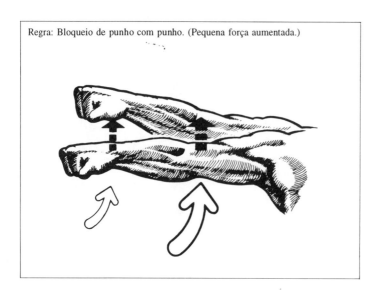

Regra: Bloqueio de punho com punho. (Pequena força aumentada.)

Como Usar o Pulso

Por ocasião do soco ou bloqueio, o pulso sempre é mantido firme e estendido. No golpe, ele normalmente é mantido estendido, com algumas exceções. Entretanto, no golpe com o dorso do punho, se o estalo do cotovelo for intensificado pelo do pulso, o efeito será maior.

No golpe com a base da palma da mão (*teishō-uchi*), com a mão-de-urso (*kumade-uchi*) ou com a mão em espada (*seiryūtō-uchi*), o pulso tem que estar totalmente dobrado com força. Isso também vale quando você puxa o adversário na sua direção ou quando o empurra para baixo.

A melhor maneira de bloquear é usar o punho contra o braço ou punho do adversário. Pela aplicação de, relativamente, pouca força num ponto específico, a força pode ser ampliada. Isso também abre a possibilidade de agarrar o pulso do adversário e desequilibrá-lo. Isso pode ser seguido de um contra-ataque.

Fortalecer os pulsos pela prática, possibilitando um bloqueio certeiro do braço do adversário, irá desencorajá-lo de continuar atacando.

Não bloquear com os pulsos tem as seguintes desvantagens:

Nível superior: seu cotovelo se erguerá e os músculos laterais do corpo se enfraquecerão.

Nível intermediário: O bloqueio será excessivamente alto e o soco virá por baixo do bloqueio.

Nível inferior: O torso se inclinará para a frente.

Faça disso o seu lema: bloquear com o pulso.

87

Tornozelo da perna de apoio

Como Usar os Tornozelos

Tirar vantagem da força móvel dos tornozelos possibilita o movimento dos quadris para a frente naturalmente e com grande velocidade. Os tornozelos também exercem uma função na manutenção dos quadris nivelados horizontalmente, além de impedirem que a perna de apoio oscile. Os tornozelos são importantes em muitas técnicas.

No soco direto avançando em perseguição (*oi-zuki*), quando é necessário um rápido movimento do corpo, o tornozelo da perna de apoio é importante, obviamente. O outro tornozelo não é menos importante. Na posição avançada com a esquerda, a perna de trás é arremessada contra o chão. Se, ao mesmo tempo, a pessoa dobra conscientemente o tornozelo da perna da frente com rapidez e vigor, os quadris serão arremetidos naturalmente para a frente. O joelho da perna dianteira deve também flexionar-se totalmente e, em seguida, levado para trás com força, contribuindo dessa maneira com o rápido arremesso dos quadris para a frente. A perna direita desliza rápida e suavemente para diante, o joelho é flexionado e a posição é a do soco-estocada pela direita.

O chute frontal (*mae-geri*) de uma posição avançada é semelhante a este, com o joelho e o tornozelo da perna da frente sendo dobrados subitamente, passando assim o centro de gravidade para a frente. A perna que chuta, obviamente, é levantada, usando-se a mobilidade do joelho.

Dizer que a eficácia do chute depende do equilíbrio na hora em que o joelho é levantado e da firmeza do tornozelo da perna de apoio não é nenhum exagero. Tanto no soco-estocada quanto no chute frontal o uso adequado dos tornozelos contribui para o movimento rápido, automático e natural dos quadris para a frente e, conseqüentemente, para uma técnica de velocidade e eficiência máximas.

Tornozelo da perna de apoio

Tornozelo da perna que chuta

Posição do Cotovelo

Quanto mais próximo o cotovelo do lado do tórax (*wakibara*), maior será a força transmitida ao braço atacante.

Ao dar o soco, não só os ombros não devem elevar-se, mas também os cotovelos não devem afastar-se das laterais do corpo. Um ataque pode então ser feito de certa distância, o que será decidido, em grande parte, pela necessidade de manter tenso o lado do corpo.

No bloqueio, a distância do cotovelo em relação ao corpo deve ser mais ou menos da largura de um punho e alinhado com a lateral do corpo. Ao bloquear para o lado, entretanto, o cotovelo deve estar bem junto à lateral do corpo.

Age-uke — *Bloqueio para Cima*

O cotovelo deve ser levantado à altura da orelha e próximo dela. Mantenha tenso o lado do corpo.

Chūdan Ude Uke — *Bloqueio com o Antebraço contra o Ataque ao Corpo*

O ideal é que o cotovelo esteja a distância da largura de um pulso diante do lado do corpo. A máxima distância permitida é a da largura de dois punhos. Qualquer distância maior do que essa resultará em debilidade na lateral do corpo. O cotovelo não deve afastar-se muito da lateral do corpo e o antebraço deve apontar para o lado do corpo.

Chūdan Shutō Uke — *Bloqueio com a Mão em Espada contra o Ataque ao Corpo*

A posição do cotovelo é a mesma que a do bloqueio com o antebraço contra o ataque ao corpo.

Kagi-zuki — *Soco-gancho*
Mizu-nagare Kamae — *Posição da Água Corrente*

O antebraço fica de quinze a dezoito centímetros à frente do plexo solar e paralelo a ele. Tome cuidado para que o punho não se afaste demais pelo lado oposto. O antebraço inclina-se levemente para a frente. Dessa posição, aplique a força móvel do ombro e do cotovelo.

Bloqueio com o antebraço contra o ataque ao corpo

Bloqueio para cima

Bloqueio com a mão em espada contra o ataque ao corpo

Soco-gancho

Mantendo o cotovelo na mesma posição, pratique a seguinte seqüência:
Chūdan soto-uke
Gedan-barai
Chūdan uchi-uke
Age-uke

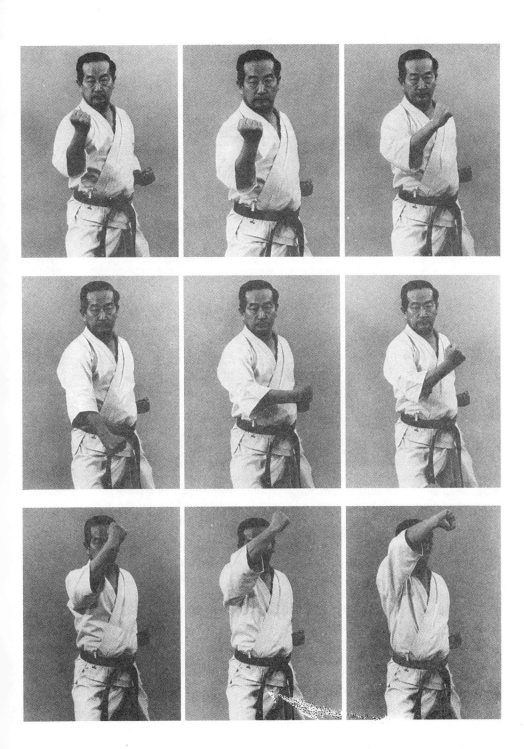

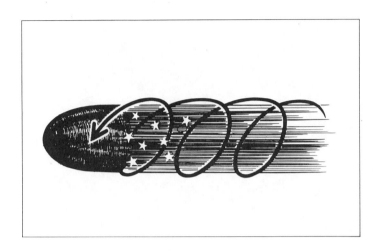

O Giro do Antebraço

O giro do antebraço tem uma relação direta com a maximização da eficácia de uma técnica.

No soco, o antebraço deve ser arremessado diretamente para o centro do alvo. É exatamente como arremessar uma lança; em ambos os casos, o movimento giratório contribui para o estabelecimento do trajeto do ataque. O princípio é o mesmo do tiro através do cano da espingarda. Sem o cano, a bala daria cambalhotas e acabaria desviando-se de seu curso. Por causa do cano, a bala gira e perfaz o trajeto devido.

Embora um antebraço não-torcido possa ser tão rápido quanto um torcido, o movimento giratório provê melhor direção e maior impacto sobre o alvo. O giro do antebraço concentra a força e a amplia. Isso ocorre porque ele causa uma tensão instantânea em todos os músculos que a técnica envolve. Os antigos mestres de karatê sabiam disso e eram capazes de fazer seus punhos penetrarem pela pele do oponente, atingindo seus órgãos.

Regulagem do tempo (*Timing*): no soco, o giro do antebraço começa quando o cotovelo se afasta do quadril e termina quando o punho atinge o alvo. O karateka de níveis elevados começará esse giro um instante antes de o punho atingir o alvo. Isso é muito eficiente, mas aqueles que não chegaram a esse alto nível de proficiência não o considerarão assim, porque seus punhos se desviarão do alvo, negando seu efeito.

Soco de Muhammad Ali. *Timing* perfeito.

Regulagem do Tempo (Timing)

Como em qualquer esporte, a regulagem do tempo no karatê-dō é um dos fatores mais importantes. Seja ela uma técnica decisiva — como o soco ou o chute — ou o bloqueio ou contra-ataque, e independentemente da força ou precisão da técnica em outros sentidos, a regulagem do tempo tem que ser exata. Adiantar-se ou atrasar-se, nem que seja por ínfimas frações de tempo, é sempre um erro.

Iniciar o movimento na hora certa também é importante. No beisebol e no golfe, o batedor ou jogador de golfe tem seu movimento para trás. Mas no karatê-dō, onde a vitória ou derrota é decidida a qualquer instante, o equivalente de um movimento para trás simplesmente não é permissível. O atraso pode ser fatal. Por isso, as técnicas bem-sucedidas resultam da prontidão dos punhos e da posição dos pés, e essas têm que ser apropriadas à situação.

No momento em que uma técnica é concluída, você deve assumir uma nova posição, na qual tenha confiança de que está apto a executar imediatamente a técnica seguinte contra o próximo alvo. Nesse sentido, o ideal é manter seletivamente os músculos no estado apropriado de tensão.

Em todas as situações do karatê, o espaço e o tempo têm limites. Se esses são ignorados, é impossível a boa regulagem do tempo. É preciso prestar muita atenção à velocidade do ataque do adversário e à distância entre você e ele, isto é, ao distanciamento (*maai*). Esse é o ponto mais importante na regulagem do tempo.

Equilíbrio

O equilíbrio é uma questão de dinâmica, de mover o corpo, de mudar o centro de gravidade. Importante em todos os esportes, o bom equilíbrio depende da estabilidade. Para se alcançar boa estabilidade, ambos os pés devem estar firmemente plantados no chão e a área que eles abarcam deve ser a maior possível. Os braços e as pernas devem mover-se em coordenação com a mudança do centro de gravidade, o qual, idealmente, não deve sair fora da área de base dos pés.

No soco ou golpe, o centro de gravidade é abaixado, e localiza-se acima do centro da área de base circunscrita pelos pés. Então o movimento de todas as partes do corpo pode ser regulado e a força pode ser aplicada ao alvo. Quando o centro de gravidade é mudado para a extremidade da área de base, o equilíbrio diminui. Se o centro de gravidade ultrapassa a área de base, a harmonia do corpo é rompida e perde-se o equilíbrio.

Sem equilíbrio, nenhuma técnica consegue ser eficaz e tampouco pode-se assumir uma posição para a técnica seguinte. E a defesa contra o ataque fica impossível.

As técnicas das pernas apresentam, obviamente, os maiores desafios à manutenção da estabilidade e do equilíbrio, de maneira que é preciso tomar um cuidado especial para impedir que o centro de gravidade saia fora da área de base. Entretanto, não é incomum que o centro de gravidade ultrapasse a área do único pé de apoio. Quando isso acontece em pequena proporção, os órgãos sensoriais, os nervos e os músculos agem automaticamente para trazer o corpo de volta e o equilíbrio pode ser mantido, embora apenas com uma margem muito estreita de eficiência.

Quanto mais embaixo estiver o centro de gravidade, maior será a estabilidade. Ao chutar, entretanto, flexionar excessivamente o joelho da perna de apoio e abaixar demais os quadris tornam impossível o chute certeiro e eficaz. Salvo no caso especial de evitar um ataque ao nível superior pelo encolhimento do corpo, é melhor não flexionar os joelhos mais do que o necessário. Deve-se também notar que, se o joelho for excessivamente flexionado por ocasião do chute, o calcanhar se elevará, porque o centro de gravidade se moverá na direção do chute. Quando o centro de gravidade é alterado, uma nova área de base precisa ser estabelecida imediatamente, pois depois do chute, o pé que chuta é levado para baixo em frente ao pé de apoio e uma posição de frente, ou outra, é assumida em preparação para a próxima técnica.

Levantar o calcanhar ao chutar não é apenas desestabilizante, mas também tenciona desnecessariamente os músculos e causa fadiga. A sola do pé de apoio tem que estar firmemente em contato com o chão.

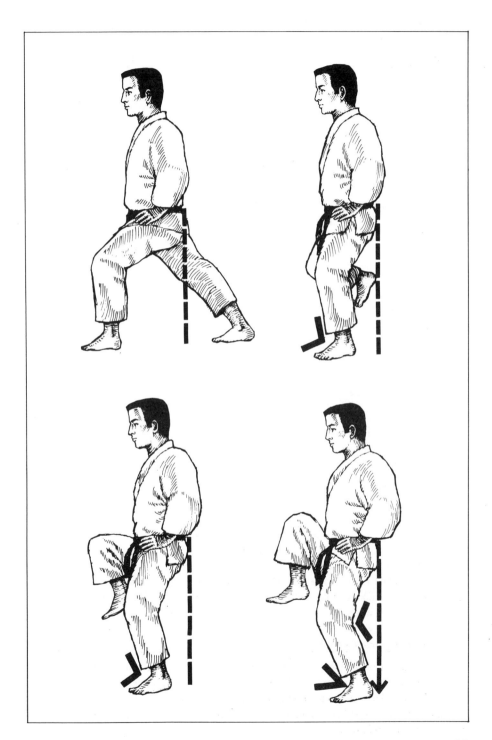

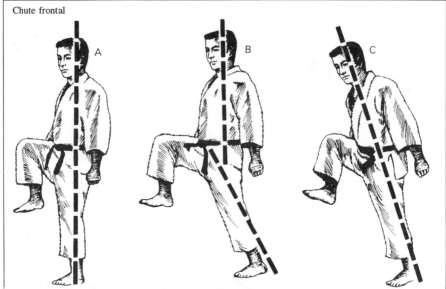

Chute frontal

A. O melhor equilíbrio: o centro de gravidade diretamente acima da sola do pé.
B. Manutenção do equilíbrio apesar de o centro de gravidade passar para fora da área de base do pé.
C. É difícil manter o equilíbrio se o centro de gravidade se afasta muito da área de base do pé.

Distância (Maai)

É importante conhecer os próprios limites. Esse é um aspecto do distanciamento. Tentar ampliar a sua distância além dos limites naturais leva à instabilidade e dá uma abertura ao adversário.

No soco e no golpe, descubra e mantenha o equilíbrio entre a distância e a precisão. A parte superior do corpo tem de enfrentar o alvo de uma maneira natural até o último instante, para que a força dos ombros e cotovelos possa atingir o seu máximo.

Posição e Distância para Atacar

A distância da qual se pode golpear ou soquear com eficácia varia de acordo com a distância entre os pés e a altura dos quadris. Inclinar-se para a frente não aumenta o alcance, de maneira alguma, mas perturba o equilíbrio. Nos desenhos 1, 2 e 3, o pé de trás está na mesma posição. Dependendo de o alvo estar mais próximo ou mais afastado, o alcance pode ser controlado pela regulagem da altura dos quadris e da posição do outro pé.

Distância para Chutar

A parte superior do corpo não tem apenas que estar ereta; também tem que estar montada nos quadris. Inclinar-se para a frente não aumenta o alcance do golpe. Uma inclinação para trás ou uma flexão profunda demais do joelho de apoio resultará numa técnica debilitada ou num ataque bem-sucedido do adversário.

Resultado do não-uso dos quadris ao chutar

Posição e distância para atacar

Mantenha a cabeça firme.

Mantendo a Cabeça Firme

A cabeça não deve mover-se desnecessariamente; tanto quanto possível, ela deve ser mantida na mesma posição. Isso vale para todos os esportes e artes marciais.

Se o pescoço não é mantido no seu lugar, ou a cabeça abaixa ou balança de um lado para outro, ou, especialmente, se o queixo é levantado, a técnica não será precisa e a concentração de força e o equilíbrio serão afetados negativamente. Isso é particularmente verdadeiro com relação ao chute.

Durante uma disputa, mesmo os erros mais insignificantes na regulagem do tempo e do equilíbrio resultam em derrota. Isso é observado freqüentemente.

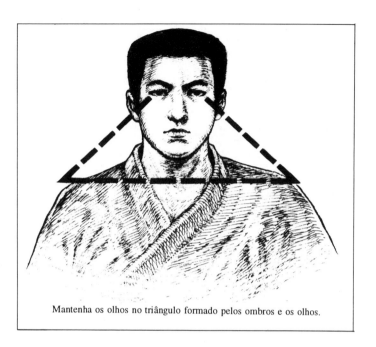

Mantenha os olhos no triângulo formado pelos ombros e os olhos.

Os Olhos

O modo como os olhos olham é uma questão de grande importância. Nas artes marciais, diz-se que os olhos são a vida. O que quer que haja no coração da pessoa, transparecerá em seus olhos. Os pontos fracos serão percebidos imediatamente pelo adversário. Um espírito de luta feroz manifesto nos olhos penetrantes fará com que o adversário recue.

Uma das lições do kendō é nunca afastar os olhos dos olhos do adversário. Isso se aplica igualmente ao karatê-dō. A área específica a ser olhada é o triângulo formado pelos olhos e os dois ombros. Concentrando os olhos nessa área, é possível saber-se de antemão qual será o próximo movimento do adversário. Não abaixe os olhos, nem quando estiver assumindo uma posição nem quando estiver executando uma técnica.

Lembre-se também que fechar os olhos durante a execução de uma técnica é imperdoável. Você não perceberá a velocidade do movimento do adversário nem as mudanças no movimento. Afinal, as técnicas podem chegar a uma velocidade de treze ou quatorze metros por segundo.

Eu próprio tive a experiência de ser golpeado (na testa) simplesmente porque meu bloqueio foi desregulado por uma fração de segundos. Isso ocorreu durante uma sessão de fotografias quando a câmera flamejava a mil por segundo e a luz do *flash* me cegou.

Os maus hábitos deveriam ser completamente eliminados.

O Trajeto Correto do Soco

O soco não pode ser eficaz se o trajeto que ele percorrer não for correto. No caso do soco direto (*choku-zuki*), o trajeto correto é uma linha reta entre o punho na posição de prontidão e o alvo, que é a menor distância possível. Para realizar isso, o cotovelo do braço em atividade deve roçar levemente o lado do corpo e o antebraço deve girar para dentro. A força que percorre diretamente uma linha reta não muda de direção mesmo depois de atingir o alvo, e isso tem grande significado na regulagem do tempo. (Ver página 95.)

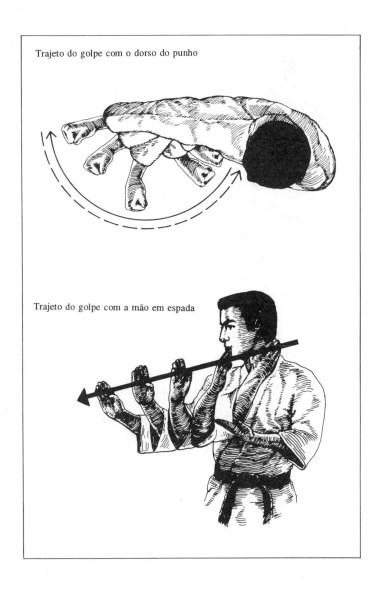

No Golpe

O punho tem que ser cerrado e a mão em espada apertada com firmeza. Rápida e completamente aplique a força móvel e pontiaguda do cotovelo.

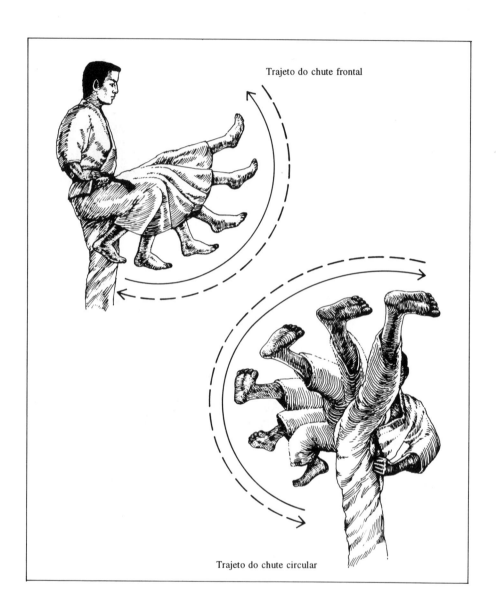

Trajeto do chute frontal

Trajeto do chute circular

No Chute

Um chute realmente eficaz resulta do uso correto da mobilidade ou estiramento do joelho.

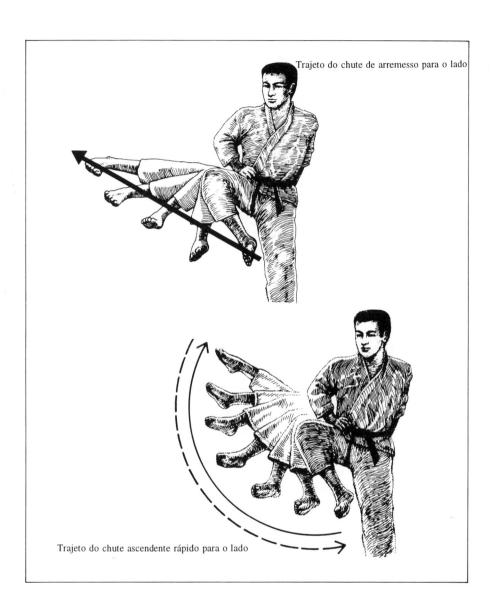

No Bloqueio

Para bloquear, primeiro é preciso avaliar o curso do braço ou da perna atacante de maneira precisa, e em seguida bloquear na direção apropriada. Basicamente:

1. Arremeta para cima contra um ataque no nível superior.

2. Bloqueie um ataque no nível médio para o lado, ou de dentro para fora ou de fora para dentro.

3. Bloqueie um soco ou chute no nível inferior diagonalmente para baixo.

No Bloqueio para Cima contra o Ataque à Cabeça

1. Levante o antebraço esquerdo da posição abaixo do cotovelo direito, mantendo-o voltado para o lado externo, e leve-o à testa. O trajeto do braço esquerdo é semelhante a um curva, mas levemente acentuada. É possível fazer isso numa linha reta, mas apenas se a pessoa for mais forte ou mais experiente que o adversário.

2. Abra o punho esquerdo e leve o lado do polegar da palma passando-o pelo canal do nariz. Ao mesmo tempo, levante o antebraço direito do quadril, sem deixar que o cotovelo se afaste muito. Os braços se cruzam diante do queixo para manter o bloqueio no trajeto correto. Bloqueie diagonalmente para cima com o antebraço direito.

No Bloqueio com o Antebraço contra o Ataque ao Corpo

De fora para dentro

De uma posição junto da orelha direita, o punho direito move-se rapidamente para baixo e para o lado esquerdo. Bloqueie em frente do queixo. O trajeto do bloqueio é um semicírculo.

De dentro para fora

De uma posição do lado direito, o braço esquerdo vai para fora do braço que recua, o braço que bloqueia sobe com o cotovelo como um pivô. Bloqueie diante do queixo. Para um bloqueio com o braço esquerdo, gire os quadris vigorosamente para a direita e afaste com força o braço direito.

No Bloqueio para Baixo

De uma posição perto da orelha direita, o punho esquerdo move-se diagonalmente para baixo com o estiramento do cotovelo. Bloqueie com o punho (a palma da mão voltada para baixo) acima da rótula do joelho esquerdo (cerca de quinze centímetros).

No Bloqueio com a Mão em Espada contra o Ataque ao Corpo

De uma posição perto da orelha esquerda, a mão direita em espada corta diagonalmente para baixo, com o cotovelo ainda flexionado, golpeando e bloqueando

Velocidade

Numa técnica decisiva (*kime-waza*), há força que é instantânea e formidável. As técnicas básicas do karatê são enormemente influenciadas pela velocidade. Pode ser um pouco exagerado dizer que, no treinamento das técnicas, a velocidade ocupa o primeiro lugar em importância e, também, o segundo, mas não é nenhum exagero afirmar que o objetivo do treinamento básico é maximizar a velocidade.

Como o corpo é organizado em três partes básicas, a força resulta do aumento da velocidade em todas elas. Se os músculos envolvidos são contraídos o mais rapidamente possível, a força que chega à mão ao dar o soco ou ao pé ao chutar atingirá o seu nível máximo. Ao dar o soco, para se tirar vantagem do equilíbrio de forças resultante da retirada do outro braço, ele tem que ser afastado o mais rapidamente possível.

A velocidade depende, em primeiro lugar, do controle muscular. Quando certos músculos se contraem, outros músculos se estendem. Ao dar o soco, por exemplo, o bíceps se estende enquanto o tríceps se contrai fortemente. Se não houver devida coordenação entre a extensão e a contração, o movimento do braço não será fluido e não possibilitará uma técnica eficaz de soco.

Os principiantes têm uma tendência a usar músculos desnecessários. Eles deveriam aceitar a orientação do técnico e, de acordo com seu treinamento, aprender a controlar conscientemente os músculos.

Força

Em termos gerais, o significado da *técnica decisiva* é atacar o alvo escolhido num instante com o máximo de força.

Ao dar o soco, comece com a posição correta e mantenha toda a força desnecessária afastada da mão ou do braço. Então, a partir de um começo fluido e rápido, concentre a força de todo o corpo de um modo harmonioso e instantâneo. A grande força dos quadris é concentrada e transmitida como uma cadeia que percorre o peito, o ombro, o braço e o antebraço, até a superfície do punho que ataca.

Tensionar os músculos da frente e dos lados do abdômen liga solidamente a pélvis com os ombros. Uma pélvis estável e os grupos musculares complementares da coxa trabalhando juntos contribuem para movimentos vigorosos e uma postura estável. A base sólida dá suporte e possibilita que a força dos quadris seja passada para o braço. O tríceps, usado para levantar o braço, e os músculos do antebraço estão tensos, enquanto os músculos ao redor da axila estão relaxados. Se não estiverem relaxados, o punho retornará do alvo.

Os quadris, o tórax, o ombro, os braços, os pulsos e os punhos — todos precisam estar firmemente conectados e todos os músculos têm que funcionar plenamente. Mas se o ombro estiver levantado ao dar o soco, ou dirige o movimento do corpo, os músculos em volta da axila não funcionarão devidamente, não importa o quanto os músculos do braço estejam contraídos. Então, provavelmente, o impacto fará com que o punho retorne do alvo.

O que vale para o soco vale também para o golpe e o chute.

Não use desnecessariamente a força. Ela deve chegar ao nível máximo no momento do impacto e voltar imediatamente a zero. Relaxar a força não significa relaxar a atenção. Relaxe sempre a força desnecessária, mas esteja alerta e pronto para aplicar toda a força do seu corpo e seu espírito de luta no instante em que for chamado.

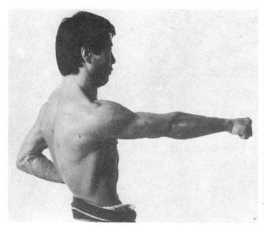

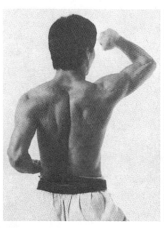

5
TREINAMENTO-CHAVE

BLOQUEIO, SOCO, GOLPE E CHUTE

BLOQUEIO

A dificuldade de se defender pelo bloqueio não deve ser subestimada. Qual é o alvo do seu adversário? Qual é a sua intenção? Avaliar a natureza do próprio ataque é em si muito difícil, mas se não for além disso, mais cedo ou mais tarde você cairá numa armadilha, independentemente da sua aptidão. O que é preciso é avaliar friamente o ataque, tomar cuidado com o próprio corpo de uma maneira proveitosa e estar preparado para qualquer eventualidade.

As importantes possibilidades do bloqueio são basicamente as seguintes:

1. Bloquear vigorosamente. Isso terá um efeito de esfriamento do entusiasmo do adversário. Em outras palavras, faça do bloqueio um ataque.

2. Bloquear levemente para colocar o adversário sob controle.

3. Passar imediatamente do bloqueio para o ataque. Ou transformar o bloqueio em ataque.

4. Usar o bloqueio para desequilibrar o adversário.

5. Impedir o ataque bloqueando antes de o ataque se concretizar.

6. Permanecer a uma distância segura e esperar pela oportunidade de contra-atacar.

A maior diferença entre o karatê e outros esportes é que a pessoa tem que ser capaz de bloquear com técnicas de pés e pernas da mesma maneira que com técnicas de mãos e braços. Por isso, os pés e as pernas também são usados para bloquear. O karatê é único nesse sentido.

Bloqueio Excessivo

Não é incomum ver principiantes agitando os braços em vez de bloquear. Um bloqueio só é um bloqueio quando a posição é apropriada. Não bloqueie excessivamente.

O bloqueio excessivo torna vulneráveis os lados do corpo e afeta negativamente o equilíbrio. Fica então impossível executar uma técnica. Ele também tira a capacidade de tensionar os vários grupos de músculos e seu funcionamento harmonioso. Assim, nem mesmo um ataque fraco pode ser controlado.

115

Bloqueio Incorreto

Braço afastado do corpo

Cotovelo levantado demais

Cotovelo baixo demais

Cotovelo levantado demais

Cotovelo fora de posição

Bloqueio numa escala pequena demais

O bloqueio alto demais

Os quadris não estão girando

Bloqueio como Técnica Decisiva

Conforme já mencionamos, uma técnica de bloqueio, dependendo de como ela é usada, pode tornar-se uma técnica decisiva. Isso pode ser observado com freqüência no karatê-dō, embora não em outras artes marciais. Uma técnica que começa com um bloqueio e continua sem parar até se transformar numa ação decisiva é provavelmente única no karatê.

Age-uke — Bloqueio para Cima

O bloqueio para cima pode ser transformado num ataque abaixando-se levemente os quadris e deixando que a parte superior do corpo se incline levemente para a frente. Então, avance sob o braço atacante e use o bloqueio para atacar simultaneamente o queixo ou o ponto abaixo do nariz com a base do punho e a axila com o cotovelo.

Outra maneira é continuar o bloqueio agarrando o pulso do adversário com a mão que bloqueia e golpeando vigorosamente o cotovelo com a outra mão.

Ude Uke — Bloqueio com o Antebraço
Shutō Uke — Bloqueio com a Mão em Espada

Enquanto o adversário passa para o ataque, dê um passo à frente. Isso requer boa regulagem do tempo. Ao avançar, mova rapidamente e amplamente o punho ou mão em espada, golpeando rapidamente o ponto abaixo do nariz com o punho, ou os olhos com a mão em espada, antes de o soco do adversário atingir o alvo.

Se um soco for dirigido à sua face, leve o cotovelo um pouco para o lado e empurre o braço de ataque de dentro para fora. Em seguida, ataque-o no rosto.

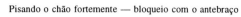
Pisando o chão fortemente — bloqueio com o antebraço

Pisando o chão fortemente — bloqueio para cima

Hiji suri-uke — Bloqueio deslizando o cotovelo (bloqueio-soco)

Hiji suri-uke — Bloqueio deslizando o cotovelo (bloqueio-soco)

Pisando o chão fortemente — bloqueio com a mão em espada

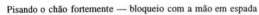

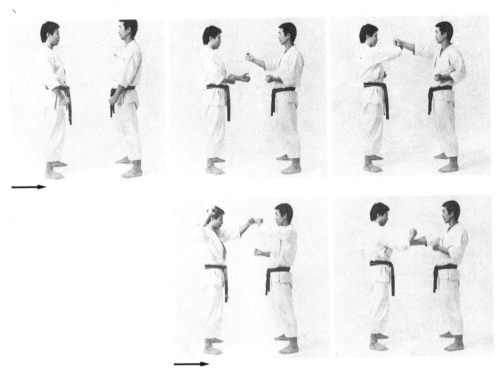

Treino Básico no Bloqueio

De frente para o parceiro, a uma distância suficientemente próxima para poder tocá-lo, pratique o seguinte e, em seguida, troque de papel com ele.

A		B
Soco com a mão direita no rosto	→	Bloqueio com a direita para cima
Bloqueio com a esquerda para cima	←	Soco com a esquerda no rosto
Soco com a direita no corpo	→	Bloqueio com o antebraço direito, de fora para dentro
Bloqueio com o antebraço esquerdo, de fora para dentro	←	Soco com a esquerda no corpo
Soco com a direita no nível inferior	→	Bloqueio com a direita para baixo
Bloqueio com a esquerda para baixo	←	Soco com a esquerda no nível inferior

A		B
Soco com a direita no rosto	→	Bloqueio com a esquerda para cima
Bloqueio com a esquerda para cima	←	Soco com a direita no rosto
Soco com a direita no corpo	→	Bloqueio com o antebraço esquerdo, de fora para dentro
Bloqueio com o antebraço esquerdo, de fora para dentro	←	Soco com a direita no corpo
Soco com a direita no nível inferior	→	Bloqueio com a esquerda para baixo
Bloqueio com a esquerda para baixo	←	Soco com a direita no nível inferior

Pratique os bloqueios tanto de dentro para fora quanto de fora para dentro. Pratique lentamente no início, aumentando gradualmente a velocidade e a força.

123

SOCOS DIRETOS

Gyaku-zuki *Soco Invertido*

Abaixe os quadris e gire-os em um bom ritmo, utilizando plenamente a força resultante do estiramento da perna de trás e dirigindo-a para o chão. A posição tem de ser estável e os quadris sempre nivelados horizontalmente. A pélvis e, conseqüentemente, o centro de gravidade, passa um pouco para a frente. Um soco desferido com os quadris afastados, por pouco que seja, para trás não será eficiente. A força transmitida da perna e dos quadris para o peito, ombros e braço acelera-se; mas, para que isso ocorra, o corpo e os membros precisam estar solidamente unidos, como um bastão de ferro ou chapa de aço. Isso depende de os músculos trabalharem retesando-se vigorosamente ao mesmo tempo.

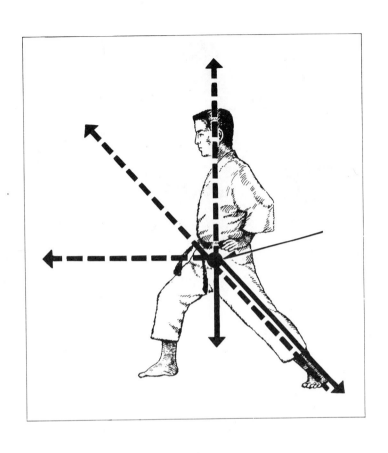

Oi-zuki   Soco de Estocada

Da postura avançada (ou posição natural), avance a perna de trás bem para a frente, passando para uma outra posição avançada, atacando simultaneamente com o punho — os nós dos dedos — na cabeça ou peito. Avance rapidamente, usando a força da perna de apoio. Se isso não for feito, a perna da frente poderá ser atacada pelo oponente. Por isso, procure deslizar rápida e facilmente o pé sem levantar o calcanhar. Os quadris, no centro de gravidade, têm que avançar diretamente para o alvo e abandonar imediatamente o pé-pivô. Como o centro de gravidade cobre uma distância bastante ampla, este é um soco muito potente.

Nagashi-zuki   Soco Desviando

Como no soco de estocada (*oi-zuki*), o movimento do corpo torna esse soco muito forte. Ele pode ser desferido da posição semivoltada para a frente ou enquanto (a pessoa) se move diagonalmente para a frente ou para trás. Ele é muito eficaz para o bloqueio de contra-ataque, uma vez que os quadris são usados enquanto se movem diagonalmente.

Kizami-zuki   ***Meia Estocada, Mão da Frente***

Esta é uma variante do soco de estocada. Como a perna-pivô não se move, a força advém da rotação dos quadris e do arremesso para baixo da perna de trás. Ele pode ser desferido ou sem mudar o centro de gravidade ou quando os quadris se movem para a frente. Embora possa ser usada como técnica decisiva, a estocada é com mais freqüência uma tática intermediária a ser seguida imediatamente por um soco de estocada ou soco reverso com o outro punho.

SOCOS INDIRETOS

A Elasticidade nas Técnicas de Golpe

O uso da elasticidade é importante sobretudo nas técnicas de golpear. A força elástica e móvel do cotovelo pode ser aplicada para a frente, para os lados, para trás, para cima ou para baixo, enquanto a pessoa se vira para um lado, para trás ou diagonalmente.

Os seguintes pontos são importantes:

1. O antebraço tem de ser indireitado rapidamente num movimento em forma de arco com o centro no cotovelo. Não se pode esperar nenhum efeito se houver tensão no cotovelo.

2. Se os ombros não estiverem relaxados e o punho ou mão em espada não estiver inteiramente tensionado, é impossível que haja boa elasticidade. Relaxe sempre toda a tensão desnecessária.

3. Quanto maior o arco, maior a força do golpe. Endireite o cotovelo ao máximo. Não é uma boa idéia recuar o antebraço, a não ser que o cotovelo tenha sido totalmente estendido.

4. A velocidade é de máxima importância — sem velocidade, não há nenhum efeito.

5. Estique o braço para fora com o máximo de velocidade e extensão, usando o tríceps, mas, feito isso, relaxe imediatamente o tríceps. O bíceps, então, levará automaticamente o antebraço de volta e o movimento elástico se completará. Pratique com empenho para perceber como funcionam os músculos do braço.

6. O efeito maior resulta de quando o antebraço se move próximo do corpo. Torcer o antebraço aumenta a eficácia do golpe.

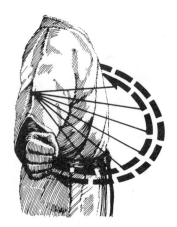

Golpeando com o Punho

Seja no golpe para o lado ou verticalmente, a elasticidade do cotovelo e do pulso faz a diferença.

Yoko Mawashi-uchi   Golpe Horizontal

Estender o antebraço para o lado num movimento paralelo ao chão e centrado no cotovelo é o *yoko mawashi-uchi*.

Tate Mawashi-uchi   Golpe Vertical

Estender o antebraço verticalmente recebe o nome de *tate mawashi-uchi*. Os aspectos importantes são o cotovelo relaxado (sem tensão) e o punho cerrado.

Shutō Uchi — Golpe com a Mão em Espada

No golpe de dentro para fora, os quadris giram na direção oposta; no golpe de fora para dentro, eles giram na direção do golpe. Girar o antebraço é o modo mais eficaz.

Uchi-mawashi — De Dentro para Fora

Golpeie o alvo de dentro para fora, girando os quadris, torcendo o antebraço e estendendo o cotovelo, tudo ao mesmo tempo.

Soto-mawashi — De Fora para Dentro

Golpeie o alvo de fora para dentro, girando os quadris, torcendo o antebraço e estendendo o cotovelo, tudo ao mesmo tempo.

Técnicas de Aperfeiçoamento do Cotovelo

A técnica aperfeiçoada resulta de manter o punho do braço que golpeia próximo do corpo, puxando-o diretamente de um mamilo ao outro.

Yoko Hiji-ate — Golpe de Lado com o Cotovelo

Ao golpear com o cotovelo direito, deslize o punho direito em linha reta do mamilo esquerdo para o direito e torça o antebraço.

Mae Hiji-ate — Golpe para a Frente com o Cotovelo

Como ao dar um soco, o punho roça o lado do corpo mas, diferentemente do soco, permanece próximo do corpo até chegar ao mamilo do lado oposto. Torça o antebraço diante do peito, de maneira que a palma da mão fique virada para baixo.

Tate Hiji-ate — Golpe para Cima com o Cotovelo

Com o cotovelo totalmente flexionado, leve o punho para cima pelo lado do corpo até a orelha (com a palma para dentro). O cotovelo sobe além desse nível para golpear o alvo.

Ushiro Hiji-ate — Golpe para Trás com o Cotovelo

Como o braço que recua no soco, o cotovelo roça o lado do corpo e então é arremetido vigorosamente para trás.

Otoshi Hiji-ate — Golpe para Baixo com o Cotovelo

O cotovelo é levado para cima e flexionado subitamente. Então, ele — e os quadris também — é levado diretamente para baixo.

Mawashi Hiji-ate — Golpe Circular com o Cotovelo

Torça o antebraço enquanto levanta o cotovelo e leva o punho direito até o mamilo direito (se o golpe for com o braço direito). Então, use o cotovelo para golpear para fora um alvo de lado.

CHUTES

Como Flexionar Corretamente o Joelho

Levantar a perna para o alto com os joelhos totalmente flexionados é o estágio preparatório do chute. Fazer isso corretamente, isto é, leve e muito rapidamente, ajuda a manter o equilíbrio e a descobrir o trajeto correto do chute.

Como tanto os músculos dos quadris quanto os das coxas necessários para realizar isso têm alguma conexão com a pélvis, os quadris têm que ficar firmes para que os músculos possam operar plenamente. Isso, por sua vez, requer um abdômen resistente.

A firmeza na perna de apoio depende da tensão dos músculos da coxa e da barriga da perna, bem como da flexão do joelho, mas só levemente. A barriga da perna deve inclinar-se para a frente, mas só um pouco, e a sola dos pés tem que estar firme no chão. Se o joelho for dobrado demais como esforço para manter os quadris abaixados, os músculos não oferecerão bom suporte e o joelho e o tornozelo ficarão sem força, tornando impossível a eficiência do chute.

A rótula do joelho da perna que chuta deve chegar até o peito, de maneira que o peso da perna recaia sobre o quadril.

A Mola dos Quadris e Tornozelos

Nem o chute ascendente rápido nem o chute de arremesso podem ser executados efetivamente somente com a força das pernas. A mola dos quadris e dos tornozelos tem que ser usada e, idealmente, no momento do chute, as vértebras da região lombar devem ser empurradas para a frente. Mas os quadris têm que voltar imediatamente no final do chute à posição anterior. Esse movimento dos quadris e o choque do chute tem enorme efeito sobre o tornozelo da perna de apoio. O tornozelo exerce assim o importante papel de manter estável o equilíbrio e a postura. Levantar o calcanhar ou reduzir de alguma outra maneira o contato da sola dos pés com o chão resulta em instabilidade. Sendo assim, os tornozelos têm de ser fortes, e isso depende do treinamento. Embora o joelho seja levemente flexionado, sua posição é fixa.

O Joelho no Chute

Keage — Chute Rápido Ascendente

A barriga da perna inclina-se levemente para a frente, as vértebras da região lombar movem-se para a frente e retornam, e a barriga da perna tem que retornar à sua posição original. Tudo isso depende do estiramento e contração dos músculos da perna.

Como a área do pé de apoio é pequena e a direção do chute normalmente é para cima, o equilíbrio é o grande problema. Além disso, há a necessidade de voltar o mais rápido possível a uma posição mais folgada com ambos os pés no chão para preparar-se para a próxima técnica. Por essas duas razões, a velocidade é o *sine qua non* do chute. Um chute lento carece de força e é instável. Com respeito à velocidade, pode-se mesmo dizer que a retirada da perna que chuta tem mais do dobro de importância que o próprio chute ou, pelo menos, essa é a sensação que se deve ter.

Kekomi — Chute de Arremesso, Penetrante

No momento do contato, a coxa e a barriga da perna devem formar uma linha quase reta. Como no caso do soco direto, o trajeto deve ser o mais curto e o mais direto possível. Requer muita prática chutar da maneira correta, o que significa começar com um leve movimento rápido e concentrar toda a força do corpo no instante do contato.

O ponto mais importante no chute de arremesso é a distância. Quando a perna está esticada e a força concentrada, o chute é muito potente; mas, se o joelho estiver flexionado ou não for no momento certo, a perna que chuta reage. A reação negativa é maior quando a perna está totalmente dobrada, mas incorretamente focalizada. Isso tem um efeito mais adverso sobre o equilíbrio quando se chuta diretamente para o lado do que quando se chuta diagonalmente para baixo; o maior desequilíbrio acontece quando o chute é para cima. Não dá para esquecer, nem por um instante, a importância da distância sobre a força.

MÚSCULOS DO ESQUELETO

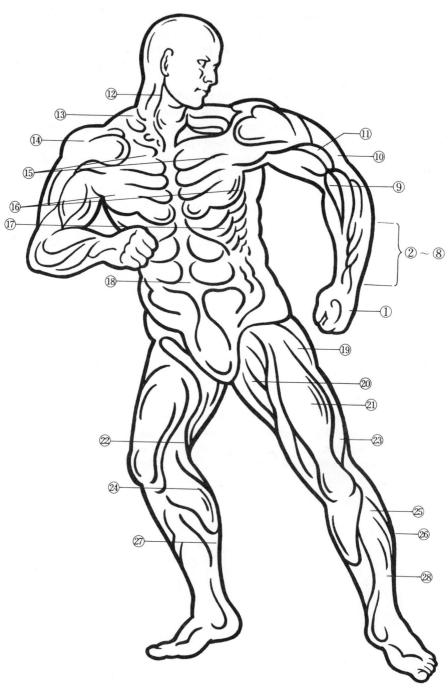

136

MÃO
1. Interósseos

ANTEBRAÇO
2. Abductor pollicis brevis
3. Palmaris longus
4. Flexor carpi radialis
5. Extensor carpi radialis brevis
6. Pronator teres
7. Extensor carpi radialis longus
8. Brachioradialis

PARTE SUPERIOR DO BRAÇO
9. Tríceps
10. Brachialis
11. Bíceps

OMBROS E PESCOÇO
12. Sternocleidomastoideus
13. Trapézio
14. Deltóide

TÓRAX E ABDÔMEN
15. Pectoralis major
16. Serratus anterior
17. Obliquus abdominis externus
18. Rectus abdominis

COXAS
19. Tensor fasciae latae
20. Adductor magnus
21. Rectus femoris
22. Vastus medialis
23. Vastus lateralis

BARRIGA DA PERNA
24. Gastrocnemius
25. Tibialis anterior
26. Peronaeus longus
27. Flexor digitorum longus
28. Peronaeus brevis

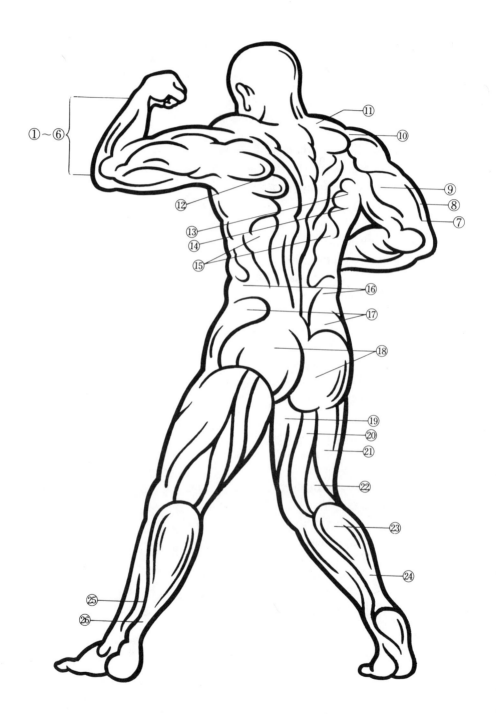

ANTEBRAÇO
1. Extensor pollicis brevis
2. Flexor carpi ulnaris
3. Extensor carpi ulnaris
4. Abductor pollicis longus
5. Extensor digitorum communis
6. Anconeus

PARTE SUPERIOR DO BRAÇO
7. Brachioradialis
8. Brachialis
9. Tríceps

OMBROS, PESCOÇO E COSTAS
10. Deltóide
11. Trapézio
12. Infraspinatus
13. Teres minor
14. Teres major
15. Latissimus dorsi
16. Obliquus externus abdominis
17. Glutaeus mediuns

COXA
18. Glutaeus maximus
19. Abductor magnus
20. Semitendinous
21. Biceps femoris
22. Semimembranosus

BARRIGA DA PERNA
23. Gastrocnemius
24. Soleus
25. Peronaeus longus
26. Peronaeus brevis

PROGRAMA PARA A PRÁTICA
DAS TÉCNICAS BÁSICAS

Primeira Semana

SOCO   Posição natural, postura de pés afastados.
1. Enfrente o alvo diretamente. 2. A menor distância. 3. Velocidade.
4. Concentração da força.

CHUTE   Posição natural, posição informal de atenção.
1. Elevação do joelho até a altura do peito. 2. Uso da elasticidade.
3. A importância do chute para o afastamento da perna é na proporção
de 3 por 7. 4. Tensionar o tornozelo da perna de apoio; manter o joelho
no ângulo correto. 5. Dobrar rapidamente o joelho da perna que chuta.

Segunda Semana

POSIÇÃO   Da posição semivoltada para a frente para a posição
AVANÇADA   voltada para a frente; da posição voltada para a frente
para a posição semivoltada para a frente. (Mãos nos
quadris.)
1. Distância apropriada entre os pés. 2. Joelho e dedos da mesma
perna apontando na mesma direção. 3. Force vigorosamente o joelho
da perna da frente na direção da linha que conecta os dois joelhos.
4. Ambos os quadris paralelos ao chão.

SOCO INVERSO   Posição para a frente
1. Leve de volta, com força e amplitude, a mão que recua. 2. Dirija
a rotação dos quadris com a mão que recua. 3. Use a contra-reação
do estiramento da perna de trás.

CHUTE FRONTAL   Posição para a frente
1. A barriga da perna de apoio inclina-se para a frente; arremesse os
quadris para a frente rapidamente. 2. O joelho e os dedos da perna
de apoio têm que apontar para a direção do chute.

Terceira Semana

SOCO DE   Alternadamente para a esquerda e para a direita da
ESTOCADA (A)   posição natural.
1. Impulsione com força a perna de apoio, use a reação e arremesse
os quadris rapidamente para a frente. 2. Deslize levemente a perna
em movimento, mantendo toda a sola do pé em contato com o chão.

BLOQUEIO PARA BAIXO	Alternadamente para a esquerda e direita da posição natural, ou voltada para a frente.

1. Assumindo a posição semivoltada para a frente, retorne completamente a mão que recua. 2. Rotação ampla e rápida dos quadris. 3. Retire rapidamente de cima do cotovelo o braço que bloqueia; torça o antebraço. (Estique totalmente o cotovelo.)

Quarta Semana

SOCO DE ESTOCADA (B)	Avance da posição final do bloqueio para baixo (*gedan-gamae*)

1. A barriga da perna de apoio inclina-se para a frente; arremesse rapidamente os quadris para a frente. 2. Traga a perna de trás para a frente; passe o peso para a perna da frente. Tendo a perna da frente como perna-pivô, dê um passo à frente e arremesse os quadris.

POSIÇÃO DE PERNAS ABERTAS	Para a esquerda e direita da posição natural.

1. A sola de ambos os pés em contato firme com o chão. 2. Empurre o joelho da perna da frente na direção da linha que conecta os dois joelhos.

Quinta Semana

CHUTE ASCENDENTE RÁPIDO DE LADO	Posição informal de atenção

1. Volte-se para a frente. 2. Erga o joelho ao lado do corpo. 3. Use a elasticidade (centrada na rótula do joelho). A perna que chuta começa e termina ao lado do joelho.

BLOQUEIO PARA CIMA	Alternadamente para a esquerda e a direita da posição natural ou voltada para a frente

Sexta Semana

CHUTE-ARREMESSO DE LADO	Posição informal de atenção

1. O joelho da perna que chuta no nível do peito; estire completamente a perna para chutar. 2. A perna faz o mesmo trajeto no chute e na volta.

BLOQUEIO COM O ANTEBRAÇO	Alternadamente para a esquerda e a direita da posição natural, posição voltada para a frente ou posição de pernas abertas

1. De fora para dentro; cotovelo flexionado para formar um ângulo reto; movimento recurvo para o lado de fora; bloqueio com golpe. 2. De dentro para fora; cotovelo com um punho de largura a partir

do lado do corpo, punho na altura do ombro, antebraço movendo-se com o cotovelo como pivô, bloqueio golpeante para dentro.

Sétima Semana

POSIÇÃO RECUADA — Para a frente. Para trás, para a esquerda e para direita da posição natural.

1. O peso do corpo de volta para a frente na proporção de 7 por 3. 2. O joelho da frente levemente flexionado. 3. A parte superior do corpo verticalmente reta na posição semivoltada para a frente.

BLOQUEIO COM A MÃO EM ESPADA — Posição natural ou posição recuada.

1. O braço que bloqueia cortando diagonalmente para baixo a partir do ombro.
2. O cotovelo com um punho de largura de distância ao lado do corpo.
3. Cotovelo dobrado em ângulo reto.

Oitava Semana

DO BLOQUEIO AO SOCO — Alternadamente para a esquerda e a direita da posição natural, postura de pernas abertas.

DO BLOQUEIO AO CHUTE — Dos bloqueios dos níveis superior, intermediário e inferior aos chutes. Alterne da posição para a frente para a posição recuada.

Nona Semana

MOVIMENTO CORPORAL — Bloqueio e contra-ataque, para a frente, para trás e para ambos os lados.

1. Movimento suave das pernas e *tai-sabaki*. 2. Aprenda pela experiência como movimentar de maneira mais satisfatória. 3. O movimento dos braços também tem que ser suave.

Da Décima à Décima Segunda Semana

Kata — Heian 1

GLOSSÁRIO

age-uke: bloqueio para cima, 20, 90, 118, 141

choku-zuki: soco direto, 20, 102

chūdan shutō uke: bloqueio com a mão em espada contra o ataque ao corpo, 90, 106

chūdan uchi-uke: bloqueio com o antebraço contra o ataque ao corpo, de dentro para fora, 22

chūdan ude uke: bloqueio com o antebraço contra o ataque à parte central do tronco, 90, 106

dō: movimento, atividade, 60
dō-kyaku: movimento de perna, 60

fumidashi: 68
fumikomi: chute esmagador, 60, 68

gedan barai: bloqueio para baixo, 22, 106
gedan-gamae: posição de bloqueio para baixo, 141
gyaku hanmi: posição semivoltada para a frente invertida, 24
gyaku kaiten: giro invertido, 22
gyaku-zuki: soco invertido, 124, 140

hanmi: posição semivoltada para a frente, 18, 24
heisoku-dachi: posição informal de atenção — pés unidos, 30
hiji suri-uke: bloqueio deslizando o cotovelo, 120
hiki-te: mão que recua, 16, 84

ikken hissatsu: matar com um golpe, 11

jiku ashi: perna-pivô, 60
jiyū kumite: luta livre, 10

jōdan age-uke: bloqueio superior no ataque à cabeça, 106
jun kaiten: giro regular, 20

kagi-zuki: soco-gancho, 20, 90
katachi: forma, 56
keage: chute ascendente rápido, 82, 135
kekomi: chute de arremesso, penetrante, 82, 135
keri: chutar, 104, 132, 140, 141
kiba-dachi: postura do cavaleiro ou de quem monta a cavalo, 52, 141
kime: arremate/conclusão; instante do golpe em que toda a energia mental e física se concentram, 11
kime-waza: técnica decisiva, 14, 108, 110
kizami-zuki: estocada com o punho da frente, 127
kōkutsu-dachi: postura recuada, 52, 141
kōsa-dachi: posição de pés cruzados, 52
kumade-uchi: golpe com a mão-de-urso, 86

maai: distanciamento/distância, 95
mae-geri: chute frontal direto, 88, 140
mae hiji-ate: golpe para a frente com o cotovelo, 131
mawashi hiji-ate: golpe circular com o cotovelo, 131
mawashi-zuki: soco semicircular, 20
mizu-nagare kamae: posição da água corrente, 90

nagashi-zuki: soco esquivando-se, 126
neko-ashi-dachi: postura do gato, 52

oi-zuki: soco direto avançando em perseguição; soco de estocada, 88, 126, 140
otoshi hiji-ate: golpe para baixo com o cotovelo, 131

sei: tranqüilidade, inatividade, 60

seiryūtō-uchi: golpe com a mão em espada, 86

shutō uchi: golpe com a mão em espada *uchi-mawashi:* de dentro para fora, 130: *soto-mawashi:* de fora para dentro, 130

shutō uke: bloqueio com a mão em espada, 22, 118, 141

soto-uke: bloqueio de fora para dentro, 20

sun-dome: deter uma técnica, 11

tachikata: posição/postura, 36

tai-sabaki: 76, 142.

tate hiji-ate: golpe com o cotovelo para cima, 131

tate mawashi-uchi: golpe vertical, 129

teishō-uchi: golpe com a base da palma (da mão), 86

tsuki: golpe direto, 82, 124, 140, 141

uchi: golpe indireto, dentro, 82, 103, 128

ude uke: bloqueio com o antebraço, 118, 141

uke: bloqueio, 106, 114, 142

uraken-uchi: golpe com o dorso do punho, 82

ushiro hiji-ate: golpe para trás com o cotovelo, 131

wakibara: lado do tórax, 90

yoko hiji-ate: golpe com o cotovelo para o lado, 131

yoko mawashi-uchi: golpe lateral horizontal, 129

yori-ashi: deslizamento dos pés, 70

zenkutsu-dachi: postura avançada para a frente, 18, 52, 140